Madeleine Ramstein

# Vertraue IHM

Bestell-Nr.: RKW 5036



Coverillustration: Getty Images / dwiputrirats
Lektorat und Gestaltung: Kawohl Verlag / Thekla Schlicht
Korrektorat: Inge Frantzen


Druck und Verarbeitung:
Drukarnia Dimograf, Bielsko-Biała, Polen

ISBN 978-3-86338-036-6

www.kawohl.de

Madeleine Ramstein

# Vertraue IHM

50 Andachten
für ein vertrauensvolles Leben
mit Gott

kawohl

**Für Darius**,
mit dem ich schon seit Jahren
im gemeinsamen Boot
des Vertrauens sitze.

# Inhalt

## Gott in der Gegenwart vertrauen



## Gott während schwieriger Zeiten vertrauen

## Die Frage nach dem Leid



## Gottes Wille und seine Berufung für unser Leben



## Praktische Tipps für eine vertrauensvolle Zukunft

# Vorwort

Liebe Leserinnen und Leser,

wenn wir ein Problem haben, suchen wir erfahrene Fachleute auf. Wenn wir ein Haus bauen, wenden wir uns an einen versierten Architekten. Wenn wir eine Wissensfrage haben, suchen wir die Antworten bei renommierten Professoren auf diesem Gebiet. Wenn wir eine schwere Diagnose erhalten, wenden wir uns an die erprobtesten Ärzte in diesem Bereich. Wir möchten in guten Händen sein, weil unser Haus, unsere Fragen und unsere Gesundheit uns wichtig sind. Wir schenken den Fachleuten unser Vertrauen, deren Wissen sich über die Jahre hinweg bewährt hat.

Seit Jahrtausenden führt Gott Menschen durch Schwierigkeiten hindurch. Er hat seine Verheißungen im Leben unzähliger Menschen erfüllt und Herzensträume wahr werden lassen. Milliarden von Menschen hat er schon auf die Welt gebracht, sie ausgerüstet, geführt und ihnen geholfen. Er hat viel Erfahrung darin, Menschen zu helfen. Wir sind nicht Gottes Pilotprojekt, sondern viele Generationen kamen schon vor uns. Gott hat Erfahrung im Umgang mit Problemen und großen Träumen, wie niemand anderes. Weshalb also sollten wir nicht Hilfe bei ihm suchen und auf ihn vertrauen. Auch wichtige Personen aus der Bibel wie Abraham, Josef, David oder Esther setzten ihr Vertrauen auf Gott und können uns ein Vorbild sein.

Vielleicht hast du große Träume und betest für offene Türen. Oder du bist verzweifelt und wartest auf Gottes Eingreifen. Vielleicht hast du schon einen langen Weg durch ein dunkles Tal voller Schwierigkeiten zurückgelegt und hoffst auf einen Durchbruch.

Ich bete und hoffe, dass dieses Andachtsbuch dein Vertrauen auf Gott nicht nur im Kopf, sondern vor allem in deinem Herzen stärkt, sodass du dich in den liebenden Armen deines himmlischen Vaters gut aufgehoben fühlst. Denn unser Herz beeinflusst unser ganzes Leben (Sprüche 4,23). So wie er große biblische Figuren und unzählige Christinnen und Christen[1] durch die Kirchengeschichte hindurch aus Schwierigkeiten herausgeführt hat, kann er auch dich an der Hand nehmen und dich aus der Wüste oder Wartezeit in ein fruchtbares Land führen.

Gott ist gut, treu und mächtig. Er ist die Liebe selbst. Was sollte ihm unmöglich sein?

*Ich bin der Herr, der Gott aller Völker der Welt.*
*Sollte mir irgendetwas unmöglich sein?*
Jeremia 32,27

Ich erzähle einige Anekdoten, worin reale Menschen aus meinem Umfeld vorkommen. Zum Schutz ihrer Privatsphäre habe ich die Namen in diesem Andachtsbuch geändert.

1 Aus Gründen der Lesbarkeit verzichte ich auf eine gegenderte Schreibweise. Es dürfen sich selbstverständlich Menschen jeden Geschlechts angesprochen fühlen.

# Das Fundament

## Wir vertrauen denjenigen, die wir kennen

*Ja, alles andere erscheint mir wertlos, verglichen mit dem unschätzbaren Gewinn, Jesus Christus, meinen Herrn, zu kennen. Ich habe alles andere verloren und betrachte es als Dreck, damit ich Christus habe.*
Philipper 3,8

Paulus lebte in einer vertrauensvollen Beziehung mit seinem himmlischen Vater. Diese war von einer tiefen Verbundenheit geprägt. Es war die Art von Beziehung, in der man sich auch ohne Worte versteht, dem anderen blind vertraut und die Nähe der Herzen spürt. Weshalb sonst hätte Paulus mehrere Gefängnisaufenthalte, unzählige Schläge und beständige Verfolgung auf sich genommen?

Was der Apostel Paulus selbst lebte, versuchte er auch seinen Gemeinden zu vermitteln. Seine Botschaft finden wir in den Paulus-Briefen an die verschiedenen Gemeinden. Zentrale Botschaften sind das Verlassen auf Gottes Gnade anstatt auf eigene Werke, die Hoffnung auf die zukünftige Auferstehung und das Vertrauen auf die alltägliche Versorgung. Die Grundlage von Gottvertrauen bildet die Beziehung zu ihm.

Wie können wir jemandem vertrauen, den wir nicht kennen? Ist nicht Vertrauen die Basis jeder erfüllenden Ehe und Freundschaft? Wie könnten Geschäftsbeziehungen funktionieren, wenn nicht ein grundlegendes Maß an Vertrauen bestehen würde?

Beziehungen zwischen Menschen müssen vertieft und gefestigt werden, damit Vertrauen wachsen kann. Nur wenn wir regelmäßig Zeit mit einer Person verbringen, lernen wir sie besser kennen. Zu den tiefen und bedeutungsvollen Gesprächen sowie erfüllenden Momenten kommt es nur, weil viele alltägliche Zeiten des Miteinanders die Basis für eine starke Verbindung legen. Ähnlich verhält es sich mit unserer Beziehung zu Gott.

Wenn wir ein tieferes Verständnis davon bekommen, wer Gott ist und in der Beziehung zu ihm wachsen, dann lernen wir zu vertrauen – auch in schwierigen Zeiten.

Viele Christen sind enttäuscht, wenn sie beim Bibellesen nicht sofort Gottes Nähe spüren. Dabei ist es wie beim Prinzip von Saat und Ernte. Wenn man in die Beziehung zu Gott investiert, pflanzt man gute Samen, die zur rechten Zeit eine gute Ernte abwerfen. Das kann eine neue Offenbarung von Gottes Wort sein, die Vertiefung der Beziehung, der Erhalt eines Auftrags oder eine neue Tür in unserem Leben, die sich öffnet.

Seit seiner Kindheit war Paulus mit den 5 Büchern Mose, den Propheten und anderen, heute alttestamentlichen Schriften vertraut. Er studierte sogar bei Gamaliel, einem sehr renommierten Lehrer der damaligen Zeit. Paulus wusste, wie gut und groß Gott war. Durch die Erfahrung, dass Jesus Christus der verheißene Messias war, wurden seine Augen für die unfassbare Größe der Liebe Gottes für ihn und alle Völker geöffnet. Paulus wusste, dass es sich sogar lohnen würde, Jesus bis in den Tod nachzufolgen und seinem Beispiel zu folgen. Solch ein starkes Vertrauen findet man nur dort, wo sich zwei Liebende blind in die jeweiligen Arme des anderen fallen lassen. Die Basis einer solchen Liebe ist eine tiefe Verbundenheit, die durch einen Beziehungsaufbau entstanden ist. Dieses Vertrauen zu Gott formt sich in der Zeit, die wir mit seinem Wort verbringen, Gottesdienste und Gemeinschaft mit anderen Gläubigen zusammen feiern und während wir in unserem ganz normalen Alltag über biblische Texte nachsinnen, zu ihm beten und sein Wirken im Kleinen und Großen erleben.

Wir *wissen*, dass wir Zeit mit Gott verbringen sollten, nicht wahr? Aber es fällt uns schwer, die nötige Zeit und Motivation zu finden, uns hinzusetzen und in unserer Bibel zu lesen. Und wenn wir uns schließlich die Zeit nehmen, um sein Wort zu studieren, können wir uns oft nicht konzentrieren und möchten einfach damit fertig werden.

Als neue Christin fiel es mir echt schwer, in der Bibel zu lesen. Viel lieber las ich Bücher von anderen Christen und hörte mir Predigten an. Eines Tages wurde mir klar, dass sich etwas ändern musste, wenn ich Gott näherkommen wollte. Selbst Jesus brauchte Zeit allein mit seinem himmlischen Vater (Markus 1,35). Wie viel mehr sollten wir also Zeit in seiner Gegenwart verbringen?

Mir wurde klar, dass ich mich disziplinieren musste, egal, wie ich mich fühlte. Deshalb habe ich die Gewohnheit entwickelt, jeden Morgen zu beten und die Bibel zu lesen. Zu Beginn mochte ich es gar nicht. Ich blieb aber dabei und die Gefühle der Langeweile und Ablehnung gegenüber der Bibel verwandelten sich über Wochen und Monate hinweg in Liebe und Leidenschaft.

Heute ist meine tägliche Zeit in Gottes Wort meine Lieblingszeit des Tages. Ich kann gar nicht mehr damit aufhören, weil ich schon so viele Durchbrüche in meinem Leben erlebt habe. Meine Beziehung zu Gott vertiefte sich. Sein Wort wurde in meinem Alltag lebendig und ich erkannte Gottes Wirken. Mein Leben veränderte sich drastisch, weil ich mich mit der Bibel auseinandersetzte und täglich betete. Nie habe ich die tägliche Zeit bereut, die ich in Gottes Gegenwart verbracht hatte.

Viele von uns sagen, dass sie keine Zeit haben, in der Bibel zu lesen, weil sie zu beschäftigt sind. Wenn wir dann aber einen Blick darauf werfen, wie viele Stunden pro Tag wir am Handy und auf Streamingplattformen verbringen, erkennen wir, dass das Problem nicht zu wenig Zeit ist, sondern wie wir diese nutzen. Wie wäre es, für den Anfang nur 15 Minuten Scrollen und Streaming mit Bibellesen zu ersetzen?

Gott wartet auf uns. Es liegt an uns, ihn aktiv zu suchen und er wird sich von uns finden lassen. Und das Fundament für eine tiefe und vertrauensvolle Gottesbeziehung kann gelegt werden.

## Gebet:

*Vater, zieh mich nahe an dein Herz.*
*Zeig mir, wie dein Herz schlägt und wer du wirklich bist.*
*Hilf mir, dich besser kennenzulernen. Leg mir den starken Wunsch aufs Herz, dich zu suchen und ich weiß, dass du dich von mir finden lassen wirst.*
*Begegne mir und offenbare mir, wer du bist.*
*Zeig mir durch dein Wort, was dich ausmacht, wie du wirkst und worauf unsere Beziehung zueinander aufbaut.*
*In Jesu Namen, Amen.*

## Frage zum Nachdenken:

Was kannst du heute tun, um deine Beziehung zu Gott zu vertiefen? Wie kannst du ihn besser kennenlernen?

# Sich bei Gott zu Hause fühlen

In der Bibel wird Gott an vielen Stellen als ein Ort der Zuflucht bezeichnet. Er ist ein starker Fels und ein Ort des Schutzes:

*Wer im Schutz des Höchsten lebt, der findet Ruhe im Schatten des Allmächtigen. Der spricht zu dem Herrn: Du bist meine Zuflucht und meine Burg, mein Gott, dem ich vertraue.* Psalm 91,1-2

Wenn ich diese Verse lese, spüre ich die Geborgenheit, die ich aus meinem Elternhaus kenne. Das Gefühl von Heimkommen und einfach loslassen dürfen. Was für ein Geschenk! Ich bin nicht in der Kirche groß geworden, habe aber viel Liebe erfahren, welche die Liebe Gottes zu seinen Kindern widerspiegelt. Manchmal wünsche ich mir die Geborgenheit meines Elternhauses zurück: Kind sein, wohlbehütet unter dem Schutz und der Sicherheit, die mir meine Eltern boten. Wenn es in der Schule oder mit den anderen Kindern Ärger gab, konnte ich mich einfach nach Hause flüchten. Dort durfte ich mich aussprechen und wurde in den Arm genommen.

Ich weiß, dass es ein Privileg ist, wenn man so aufwachsen durfte. Viele Menschen erzählen eine ganz andere Geschichte aus ihrer Kindheit. Umso mehr möchte Gott für uns alle ein Ort der Geborgenheit sein. Wir dürfen uns zu ihm flüchten, uns aussprechen und einfach sein. So wie mein Elternhaus für mich ein Ort der Wärme war, möchte Gott selbst für uns ein Zufluchtsort sein.

Gott wird in der Bibel wiederholt als unser Vater bezeichnet. Und er ist noch weitaus besser, als es irdische Eltern je sein könnten:

*Erhebe dich, Herr! Rette mich, mein Gott, denn du schlägst meinen Feinden ins Gesicht und zerschmetterst die Zähne der Gottlosen.* Psalm 3,8

David nahm kein Blatt vor den Mund, als er mit Gott sprach. In bildhafter Sprache bat er Gott um Gerechtigkeit in seiner Situation. Er zögerte nicht, seine Emotionen im Gebet offen auszudrücken.

Er wusste, dass in Gottes Gegenwart starke Gefühle Platz haben dürfen.

Wenn Emotionen zugelassen und gefühlt werden, gehen sie auch wieder vorüber. David drückte in den Psalmen oft seine Verzweiflung aus:

*Ich bin erschöpft vom Klagen. Die ganze Nacht tränke ich mein Bett mit Tränen, mein Kissen ist nass vom Weinen.* Psalm 6,7

Er war erschöpft und sehr traurig. Es ist in Ordnung, wenn wir in Gottes Gegenwart weinen und klagen. Wir dürfen ehrlich sein und unsere Enttäuschungen und Frustrationen äußern. Es ist wichtig, dass wir mit unserem Schmerz zu Gott gehen und ihn verarbeiten. Auch wenn es sehr unangenehm sein kann, starke Gefühle zuzulassen, hilft es uns doch dabei, wieder innere Ruhe zu finden und unseren Blick erneut auf die Hoffnung, auf Gott zu richten.

Nachdem David in Psalm 6 all seine Gefühle in Gottes Gegenwart freien Lauf gelassen hatte, entstand in seinem Herzen Platz für neue Zuversicht:

*Der Herr hat mein Bitten vernommen, er wird mein Gebet erhören.* Psalm 6,10

Er schöpfte Kraft aus dem Glauben, dass Gott sein Gebet erhören würde. In vielen Psalmen lesen wir von starken Emotionen, die mit Aussprüchen des Vertrauens oder der Hoffnung abschließen. Inhalt dieser Gebete ist oft eine ehrliche Auseinandersetzung mit den eigenen Gefühlen, die man mit Gott bespricht. David legte seine Emotionen offen, drückte sie aus und wartete, bis sie weniger intensiv wurden. Dann kehrte Ruhe ein und er konnte seinen Blick wieder neu und hoffnungsvoll auf Gott richten.

Gott sieht all unsere Tränen. So wie David sicher sein kann, dass Gott sein Klagen hört, dürfen auch wir sicher sein, dass er unsere Gebete hört. Während andere Menschen sich vor Emotionen wie Wut oder Traurigkeit vielleicht zurückziehen, lehnt Gott uns nicht ab. Die Bibel betont wiederholt, dass die Menschen, die traurig sind und von Schwierigkeiten geplagt werden, nahe bei Gott sind (Matthäus 5,3-4 / Jakobus 4,9).

Gott wohnt bei den Menschen, die zerschlagen und demütig sind (Sprüche 3,34 / Jesaja 57,15 / Jesaja 66,2). Gott ist gegenwärtig, wenn wir am Boden sind.

Auch Zweifel haben in Gottes Gegenwart Platz. In Johannes 6 lehrte Jesus am See. Seine Jünger und weitere Menschen hörten ihm zu. Nachdem er gelehrt hatte, lesen wir die unerwartete Reaktion der Jünger:

*Daraufhin sagten selbst einige seiner Jünger: „Das ist ungeheuerlich. Wie kann man das glauben?“* Johannes 6,60

Seine eigenen Jünger regten sich über seine Worte auf. Aber Jesus verurteilte sie nicht deswegen. Sie durften Jesus offen und ehrlich konfrontieren. Es ist erstaunlich, wie Ehrlichkeit einer Beziehung helfen kann, sie zu vertiefen. Selbst wenn wir zweifeln, bleibt Gott nahe bei uns.

Wir lesen, dass viele Menschen sich von ihm abwandten, nachdem sie ihm zugehört hatten (Johannes 6,66). Es war nicht Jesus, der aufgrund ihrer Zweifel ging, sondern die Menschen wandten sich von ihm ab.

Gott stört sich nicht an unseren Gebeten. Im Gegenteil: Er freut sich, wenn wir mit ihm sprechen, weil er die Beziehung zu uns sucht. Weshalb sonst wäre er als Mensch auf die Erde gekommen? Ständig war er mit einfachen und sündhaften Menschen zusammen, redete und aß mit ihnen. Es ist wichtig, dass wir uns Zeit nehmen und mit Gott über das sprechen, was gerade in unserem Leben passiert. Wenn wir uns ihm öffnen, bin ich überzeugt davon, dass er uns in unseren tiefsten Wünschen und schwersten Momenten begegnet. Wenn wir Gott einladen, kann sein Licht in unsere Herzen scheinen und uns Hoffnung, Trost und neue Kraft schenken.

## Gebet:

*Vater, du weißt genau, wie ich mich wirklich fühle. Dir ist nichts verborgen. Bitte hilf mir dabei, meine Gefühle in deiner Gegenwart zuzulassen und an dich abzugeben. Begegne mir und hilf mir in meinem Schmerz, meiner Trauer, Wut und meinem Zweifel.*

## Frage zum Nachdenken:

Was hast du gerade auf dem Herzen, das du Gott mitteilen möchtest? Wenn du jede Maske fallen lässt und ganz ehrlich dein Herz ausschütten darfst, was kommt hervor?

# Gottes intensive und leidenschaftliche Liebe

Die Rechnung für die Autoreparatur fällt höher aus, als erwartet und dann geht auch noch die Waschmaschine kaputt! Die Frage, ob Gott uns wirklich liebt und wir ihm vertrauen können, reicht von einfachen Alltagsproblemen bis hin zu schweren Krankheiten und Verlusten. In dieser Welt werden wir mit Sicherheit mit Schwierigkeiten konfrontiert (Johannes 16,33). Das bedeutet aber nicht, dass Gott uns nicht liebt. Seine Liebe hat er uns nämlich endgültig in Jesus Christus am Kreuz bewiesen:

*Denn Gott hat die Welt so sehr geliebt, dass er seinen einzigen Sohn hingab, damit jeder, der an ihn glaubt, nicht verloren geht, sondern das ewige Leben hat.*
Johannes 3,16

Obwohl Jesus Christus Gottes geliebter Sohn ist, musste er leiden. Viele Menschen verfolgten ihn, bespuckten und schlugen ihn sogar. In dieser Welt werden wir mit Schwierigkeiten konfrontiert. Das bedeutet aber nicht, dass Gott uns nicht liebt. Selbst Jesus blieb Schweres nicht erspart. Gottes Liebe bewahrt uns nicht vor Problemen, aber sie trägt uns durch alles hindurch.

Als ich noch eher frisch im Glauben unterwegs war, schenkte Gott mir eine Offenbarung seiner Liebe. Es war eine Erfahrung, die ich nie vergessen werde, weil sie sehr intensiv war. Während meinem Berufsmaturitätsjahr war ein junger Mann in unserer Klasse, der ein wenig anders war. Die anderen Jungs haben ihn nicht wirklich mit einbezogen. Er wurde nicht gemobbt, sondern einfach nicht beachtet. Man könnte ihn als einen ruhigen Außenseiter bezeichnen, der nicht viel Aufmerksamkeit auf sich zog.

Eines Tages in meiner Gebetszeit lenkte Gott meine Aufmerksamkeit auf diesen jungen Mann aus der Schule. Plötzlich spürte ich eine starke Liebe für ihn, tiefer, als ich es beschreiben könnte.

Diese Liebe hatte nichts mit der romantischen Liebe zwischen Mann und Frau zu tun, sondern mit einer übernatürlichen, göttlichen Liebe, der höchsten Liebe, die es gibt.

In meinen Gedanken sah ich, wie er darunter litt, ein Außenseiter zu sein. Ihn so zu sehen, brach mir das Herz. Ich fühlte starke innere Schmerzen, weil dieser junge Mann so verletzt war. Auf der einen Seite nahm mich diese unglaublich starke Liebe zu ihm ein, während ich gleichzeitig ungeheure Schmerzen spürte. Ich litt richtig mit ihm mit. Ich musste sogar weinen und konnte es nicht mehr ertragen, weil diese starke Liebe zu viel für mich war.

Nach einer Weile dachte ich an eine junge Frau aus meiner Klasse. Sie kämpfte mit vielen Ängsten und Unsicherheiten. Und wieder verspürte ich eine unglaublich große und leidenschaftliche Liebe zu ihr, wie ich es noch nie erlebt hatte. Was für eine tolle und liebenswerte Frau sie doch war und welch unglaublich tiefe Liebe ich empfand! Gleichzeitig war der innere Schmerz über ihr Selbstbild sehr groß. Wenn sie doch nur sehen könnte, wie großartig und geliebt sie war. Es brach mir das Herz, sie so leiden zu sehen. Diese Empfindungen waren zu viel für mich. Noch nie vernahm ich solche intensiven und zwiespältigen Gefühle gleichzeitig.

Durch diese Erfahrung spürte ich einen Bruchteil der Liebe Gottes zu uns. Das war alles, was ich aushalten konnte: Ein kleines Stück seiner Liebe zu uns Menschen. Er ist uns so viel näher, als wir es uns selbst je sein könnten. Gott liebt jeden einzelnen Menschen mit einer unglaublich starken Intensität und lebendiger Leidenschaft. Nichts ist vergleichbar mit dieser unendlich großen Liebe, die wunderschön und herzzerreißend zugleich ist.

Nach dieser Erfahrung hatte ich nur noch einen Wunsch: Dass andere Menschen erfahren, wie sehr Gott sie liebt. Nichts anderes in der Welt schien mir wichtiger zu sein, nach dieser Erfahrung von Gottes vollkommener Liebe.

Gott kann gar nicht anders, als uns zu lieben, weil er die Liebe selbst ist (1. Johannes 4,8).

Die berühmten Bibelverse aus 1. Korinther 13,4-7, in denen Paulus von der Liebe spricht, werden oft bei Trauversprechen oder Hochzeitsreden verwendet. Wenn es heißt, dass Gott Liebe ist, ist Paulus Liste eine Beschreibung der Eigenschaften Gottes. Zur Veranschaulichung habe ich in den betreffenden Versen die Liebe mit den Begriffen „Gott" oder „er" ersetzt, damit wir erkennen, wie Gott ist und wie sehr er uns liebt:

***Gott*** *ist geduldig und freundlich.*
***Er*** *ist nicht neidisch oder überheblich, stolz oder anstößig.*
***Gott*** *ist nicht selbstsüchtig.*
***Er*** *lässt sich nicht reizen, und wenn man ihm Böses tut, trägt* ***er*** *es nicht nach.*
***Er*** *freut sich niemals über Ungerechtigkeit,*
*sondern* **er** *freut sich immer an der Wahrheit.*
***Gott*** *erträgt alles, verliert nie den Glauben, bewahrt stets die Hoffnung und bleibt bestehen, was auch geschieht.*

Gott wünscht sich, in einer persönlichen Beziehung mit uns zu leben, um unser Herz zu erneuern und uns zu segnen. Wir sollen seine Liebe erkennen. Wir dürfen aus freien Stücken zu Gott kommen, weil seine Türen für uns immer geöffnet sind (Hebräer 4,16). Wir haben nichts zu befürchten, weil seine Liebe zu uns vollkommen ist (1. Johannes 4,17-18).

Gottes Liebe zu uns ist das Fundament für eine erfüllende Beziehung mit ihm, unseren Mitmenschen und uns selbst. Sie ist das Fundament, auf dem unser Vertrauen zu ihm steht und wächst.

## Gebet:

*Vater, deine Liebe zu mir ist vollkommen. Sie ist so viel größer und tiefer, als ich es bis jetzt erfasst habe. Bitte schenk mir eine Offenbarung deiner Liebe. Zeig mir, wie sehr du dich um mich und meine Mitmenschen bemühst, erfülle mich neu mit deiner Liebe und stärke mein Vertrauen in dich.*
*In Jesu Namen, Amen.*

## Frage zum Nachdenken:

Zweifelst du manchmal an Gottes Liebe zu dir? Falls ja, weshalb?

# Reicht Gottes Gnade aus?

Schlurfenden Schrittes ging Peter die Straße entlang. Seine abgetragenen Sneakers erzählten von seiner weiten Reise und waren Zeuge der Last, die auf seinen Schultern lag.

Am Straßenrand stand ein Mann, gekleidet in strahlendes Weiß, und sprach Peter unvermittelt an: „Mein Herr, Sie sehen müde aus. Begleiten Sie mich doch, ich möchte Ihnen gerne mein Haus zeigen. Möchten Sie ein Glas Wasser trinken und sich erfrischen?“

Verblüfft über diese Einladung drehte sich Peter um. Der Blick des Mannes in Weiß war voller Herzlichkeit. Hinter ihm erstreckte sich ein wunderschönes Haus im englischen Landhaus-Stil mit prächtigem Garten.

Neugierig und erschöpft zugleich, nahm Peter das überraschende Angebot dankbar an. Gemeinsam betraten sie den liebevoll gestalteten Eingangsbereich. Fein säuberlich hingen die Jacken an der Garderobe. Der Weg zum Wohnzimmer war mit beigen Teppichen ausgelegt. Eine antike graue Stoffcouch mit bunten Kissen lud zum Verweilen ein. Peter ließ sich darauf nieder und gönnte seinen müden Beinen eine Pause, während sein Blick durch das Wohnzimmer streifte. Es war groß mit hohen Regalen voller Bücher und vielen Sitzmöglichkeiten. Schon immer hatte Peter englische Landhäuser bewundert. Ihr rustikaler Charme lud ihn dazu ein, sich darin zurückzuziehen und Ruhe zu finden.

„Hier ist Ihr Glas Wasser.“ Der weiß gekleidete Mann ging flotten Schrittes zum Sofa und drückte Peter die ersehnte Erfrischung in die Hände. Die beiden Männer unterhielten sich, während sie gemeinsam das Haus besichtigten.

Es entsprach genau Peters Geschmack. Das Haus hatte genau die richtige Größe: geräumig, aber nicht zu weitläufig. Jedes einzelne Zimmer war liebevoll und sorgfältig eingerichtet. Ein Hauch von tiefem Frieden durchzog den Wohnraum, der schwer in Worte zu fassen war. Alles an diesem Haus, selbst die unscheinbaren Wände und Treppen, luden ihn ein, dort zu verweilen und sich niederzulassen. „Obwohl es schon vor über 2000 Jahren gebaut wurde, verfügt es über die neusten und wertvollsten Baumaterialien. Der Bauleiter widmete sich liebevoll jedem Detail und schenkte diesem Haus sogar einen Namen. Es heißt Gnade." Der in Weiß gekleidete Mann strahlte, als er seine Hausführung beendete. „Es ist ein Traum. Sie haben großes Glück, darin wohnen zu dürfen", staunte Peter, der sich nun wie neu geboren fühlte.

„Ich mache Ihnen ein Angebot: Ich schenke es Ihnen. Sie dürfen sich hier niederlassen und täglich diese tiefe Ruhe und den Frieden genießen. Möchten Sie es annehmen?" Der in Weiß gekleidete Mann strahlte den verwunderten Peter an.

Der herzliche Mann versuchte den sichtlich irritierten Peter zu überzeugen: „Um die Einrichtung müssen Sie sich nicht sorgen. Alle Möbel bleiben im Haus, sogar der Kleiderschrank mit den feinsten Anzügen. Sie werden Ihre alte Kleidung nicht mehr vermissen, wenn Sie erst sehen, was für Schätze in diesem Haus verborgen sind, die nun auch Ihnen gehören."

Peters Gedanken begannen zu rasen. Er fragte sich, ob das alles nur ein Scherz sein könnte. „Wo ist die versteckte Kamera!?"

Überzeugungen, die er seit seiner Kindheit kannte, drängten an die Oberfläche:

Der Pharisäer in ihm meldete sich sogleich: „Schau dich doch mal an! Du bist einfach nicht gut genug dafür."

Der Calvinist hatte auch ein Wort zu sagen: „Wenn es Gott so vorherbestimmt hat, wirst du in diesem Haus landen."

„Nein!", mischte sich der Arminianer ein: „Mach, was du willst!"

Der Atheist warf weitere Zweifel ins Getümmel: „Stopp! Dieses Haus ist nur eine Illusion. Es gibt keinen Gott und keine Gnade."

Peters Eltern riefen laut dazwischen: „Der haut dich eh übers Ohr! So etwas Schönes verdienst du gar nicht."

Sein inneres Kind flüsterte ihm zu: „Neues zu wagen ist gefährlich. Bleib lieber beim Alten. Dort liegt deine Sicherheit."

Aber auch sein Bankberater mischte sich in das Durcheinander ein: „Kostenlos? Gibt es nicht. Und bei den Zinsen momentan! Also, eine Hypothek bekommen Sie eh nicht."

Die vielen Meinungen vermischten sich in seinen Gedanken und riefen vereint im Chor: „Du bist nicht gut genug für dieses Haus! Was bringt es schon?“

Jesus, der in Weiß gekleidete Mann – die eine Stimme gegen alle anderen – stand ihm noch immer strahlend gegenüber, die Schlüssel zu neuem Leben und Frieden in seiner ausgestreckten Hand.

Zweifel nagten an Peter. Sein Traumhaus war vor seinen Augen, das Angebot lag in den durchbohrten Händen vor ihm, doch die lauten und überzeugenden Stimmen hielten ihn zurück. Innerlich zerrissen murmelte er Jesus hastig zu: „Muss nachdenken, komme wieder“, stellte das leere Glas auf die Kommode neben der Haustür und ging schnellen Schrittes hinaus. Doch tief in seinem Herzen meldete sich die Gewissheit, die ihm bestätigte, dass er schon seit seiner Geburt für dieses Haus bestimmt war. Er ging eine Runde spazieren und dachte nach, um eine Antwort zu finden.

Dass Menschen ohne Jesus so ziemlich alles verpassen, ist uns klar. Aber wie viele Christen haben sich wirklich im Haus der Gnade niedergelassen? Wie viele von uns stehen mit einem Fuß in der Gnade und mit dem anderen in einem früheren Leben?

Wir verstehen das Konzept der Gnade, aber unserem Herzen fällt es schwer, dieses anzunehmen. Ist es nicht zu gut, um wahr zu sein? Deshalb sagen wir „ja“, wenn wir „nein“ meinen. Deshalb versuchen wir aus eigener Kraft zu dienen, ohne Jesus aus freiem Herzen nachzufolgen.

Wir vertrauen nicht, dass das, was Jesus getan hat, ausreicht. Wir denken, selbst etwas hinzufügen zu müssen, um es uns zu verdienen. Doch die Wahrheit ist, das Geschenk der Gnade ist sogar noch besser und umfassender, als wir denken.

## Gebet:

*Vater, danke für deine Gnade. Bitte hilf mir, sie zu verstehen und anzunehmen als das, was sie ist: ein Geschenk. In Jesu Namen, Amen.*

## Frage zum Nachdenken:

Gibt es Bereiche in deinem Leben, in denen du Mühe hast, Gottes Gnade vollumfänglich anzunehmen?

# Wenn Gott Gebete erhört

Ungefähr zehn Jahre ist es her, dass ich in meinem damaligen Zimmer über meinen Träumen brütete: Was möchte ich in den Lebensbereichen Wohnen, Familie, Arbeit oder Gesundheit erreichen? Wohin zieht es mich? Was sind meine Sehnsüchte? Ich hielt mich nicht zurück, sondern ließ meinen Träumen freien Lauf und erlaubte ihnen, sich in meiner Vorstellung zu entfalten. Kreativ lebte ich mich auf den vor mir liegenden weißen Papierbögen aus. Ich druckte Fotos aus und untermalte meine Hoffnungen und Träume.

Natürlich wünschte ich mir ein Haus. Und nicht nur irgendeines, sondern ein schönes! Mit großen Fenstern, die vom Boden bis zum Dach reichen. Und wenn man aus diesen Fenstern blickt, soll man in erster Linie grün sehen. Viel grün, damit sich die beruhigende Wirkung der Natur in uns entfalten würde. Das Haus sollte genügend Platz für mich und meine bis dahin noch nicht existierende Familie haben. Meine detaillierten Wünsche brachte ich in kreativer Form aufs Papier und präsentierte sie Gott auf bittenden Händen.

Ich betete, glaubte und hoffte, bis zu dem Zeitpunkt, als die bunt verzierten Papierbögen von meinem damaligen grauen und von chronischen Schmerzen geprägten Alltag zu Boden geworfen und in die tiefste Ecke meines Bücherregals verbannt wurden. Ich ließ meine Wünsche los und wagte nicht, sie wieder hochzuholen – weder in Gedanken noch in Taten.

Wie dieser Stapel meiner auf Papier festgehaltenen Träume mehrere Umzüge überlebt hatte, war mir ein Rätsel. Jahre später fand ich diese Wünsche, die mein Herz schon längst aufgegeben hatte, in meinen Händen wieder. Seite für Seite wuchs mein Erstaunen, da ich realisierte, dass sich mein Leben in genau die Richtung bewegte, für die ich unzählige Male auf den Knien gebetet hatte. Das Auto, das ich mir damals wünschte, steht heute in unserer Garage. Es ist kein spezielles, aber ein ganz besonderes für mich, da es sich so leicht lenken lässt wie kein anderes.

Meine Ehe, unsere Kinder, die Tätigkeiten, die ich heute ausübe – sie alle deuten in die Richtung meiner Träume und sind ein Zeugnis für die Güte Gottes. Allesamt sind sie ein Resultat meiner Gebete.

Kann es wirklich sein, dass Gott die Träume meines Herzens so wichtig sind?

Wenige Wochen nach dieser Erkenntnis geschah das, was aus weltlicher Sicht unmöglich war. Aber Gott hat es möglich gemacht. Er öffnete die rechte Tür zur rechten Zeit und drückte uns den Schlüssel dafür in die Hand: Heute wohne ich mit meiner nun realen Familie in einem Haus mit genau den Kriterien, für die ich damals gebetet hatte.

Schaue ich auf die vergangenen zehn Jahre zurück, erkenne ich Gottes Wirken im Großen und Kleinen, wie er mich auf unwahrscheinlichem Wege zu diesem Haus geführt hatte. Jahrelang arbeitete Gott im Hintergrund, um im rechten Moment die rechte Tür für uns zu öffnen. Nur Gott konnte einen Weg ebnen, wo aus finanzieller und menschlicher Sicht kein Weg möglich war. Groß ist unser Gott!

Damals wusste ich nicht, dass Gott mich aus der Wüste führen würde. Ich erkannte nicht, dass er mein Herz erneuern wollte. Ich war blind für Gottes Wirken in meinem Leben.

Einige Träume hat Gott in unseren Herzen platziert und wird sie zur rechten Zeit erfüllen. Andere müssen wir niederlegen. In den Zeilen meines Lebens finden sich nicht nur erfüllte, sondern auch begrabene Wünsche wieder. Das ist ein Zeichen eines gefallenen Herzens in einer gefallenen Schöpfung im Ringen um Gottes Willen, der über allem steht. Nur aufgrund der Gnade Gottes können wir überhaupt Gutes in unserem Leben erhalten. Dietrich Bonhoeffer rückt die Sicht auf unsere Träume ins rechte Licht:

*Nicht alle unsere Wünsche, aber alle seine Verheißungen erfüllt Gott.*

Seine Verheißungen sind wahr, gut, gerecht und noch besser als unsere kühnsten Träume. Wir wissen nicht, ob unsere Wünsche während unserer Lebzeit wahr werden oder nicht. Aber feststeht, dass Gott uns führt und Geschichte mit uns schreibt, damit wir Gutes sehen werden.

Ist es nicht so, dass, wir manchmal Gottes Handschrift gar nicht erkennen, wenn wir mitten in der Geschichte sind?

Wir beklagen uns bei Gott und konfrontieren ihn mit Unverständnis. Auch heute schreibt Gott unser Leben weiter und hinterlässt seine Schreibweise in den kleinen und großen Ereignissen unseres Lebens, seinen Verheißungen und manchmal in unseren Wünschen, die erfüllt werden.

In einigen Jahren, vielleicht sogar Jahrzehnten, werden wir zurückblicken und das Buch unseres Lebens in seinem Licht lesen und teilweise neu deuten können. Gott führt uns Wege, die uns wie ein Dickicht in der Wildnis vorkommen können. Wir kämpfen, mühen uns ab, dienen und gehorchen. Und plötzlich stehen wir auf einem Berggipfel mit wunderbarer Aussicht und denken uns: „Wie bin ich hierhin gekommen!?"

Es war Gott, der uns führte.
Es war Gott, der die großen Türen öffnete.
Es war Gott, der uns zeigte, wie sehr er uns liebt.

## Gebet:

*Vater, du bist ein großer Gott, der Wunder wirkt. Leg mir deine Wünsche für mein Leben aufs Herz. Heute gebe ich meine Träume in deine Hände und bitte darum, dass du wirkst. Doch noch mehr als an meine Wünsche, hänge ich mich an deine Verheißungen. Lass mich sehen und erkennen, wie groß du bist und was du alles möglich machen kannst.*
*In Jesu Namen, Amen.*

## Frage zum Nachdenken:

Was sind die Träume deines Herzens? Wohin ziehen dich deine Wünsche, wenn du dir einfach mal erlauben würdest, frei und ohne Hindernisse zu träumen? Worum könntest du Gott heute bitten?

# Wenn Gott doch nur mehr Wunder tun würde

„Wenn Gott mehr Wunder tun würde, wäre mein Vertrauen größer."

Das ist eine beliebte Aussage vieler Christen. Und nicht nur Christen, auch Menschen, die nichts mit dem Glauben zu tun haben, versichern, dass sie an Gott glauben würden, wenn er sich in ihrem Leben zeigen würde. Wenn Gott doch nur mehr Wunder tun würde, dann würden wir alle mehr glauben! Diese Argumentation kam auch schon in der Bibel vor:

*Doch trotz der vielen Wunder, die er getan hatte, glaubten die meisten Menschen nicht an ihn.* Johannes 12,37

Das ist ja unglaublich! Diese Menschen sahen das Wirken von Jesus Christus mit eigenen Augen, sahen, wie er Wasser in Wein verwandelte, Brot vermehrte, Tote auferweckte und Kranke heilte. Seine Wunder waren ein Beweis seiner Göttlichkeit und Mission auf der Erde. Sie bezeugten ihn als den erwarteten Messias, den Sohn Gottes. Wie kann es dann sein, dass die Mehrheit ihn trotzdem nicht als diesen erkannte? Anscheinend führen Wunder nicht unmittelbar zu einem größeren Glauben an Gott. Sie können uns aber im Vertrauen stärken, wenn wir daran festhalten und erkennen, wie groß Gott ist.

Meistens, wenn wir erleben, dass Gott ein Gebet erhört, uns hilft oder sogar ein Wunder tut, sind wir einige Tage oder Wochen hin und weg und denken: „Wow, nie wieder werde ich an Gott zweifeln." Das hält genau so lange an, bis der Alltag wieder einsetzt oder sich die nächste Herausforderung anbahnt. Jede neue Situation erfordert von uns einen Vertrauensvorschuss. Es ist genial, Wunder zu erleben und auch absolut wünschenswert. Gott möchte, dass wir für unsere Anliegen im Gebet einstehen (Lukas 18,1-8). Meistens jedoch greift ein bloßes Wunder nicht tief genug, um unser Glaubensleben nachhaltig zu verändern.

Ein Wunder trägt nur dann die Früchte des Vertrauens, wenn wir es in unser Herz schreiben. Wenn wir uns entscheiden, die Erlebnisse mit

Gott, in denen er uns geholfen hat, Türen geöffnet oder die rechten Worte zur rechten Zeit gebracht hat, zu verinnerlichen und daran festzuhalten, werden wir im Vertrauen wachsen.

Auf Gott zu vertrauen ist eine Entscheidung. Selbst wenn kein Wunder geschieht. Ganz ehrlich? Meistens fühle ich mich nicht danach, auf Gott zu vertrauen. Meine Gefühle würden mich manchmal in der Verzweiflung und Ohnmacht versinken lassen.

Auch David war oft verzweifelt:

*Herr, wie lange willst du mich noch vergessen? Wie lange willst du dich noch von mir abwenden? Wie lange soll meine Seele noch sorgen und mein Herz täglich aufs Neue trauern? Wie lange wird mein Feind noch die Oberhand behalten?* Psalm 13,2-3

David befand sich in Todesgefahr (Psalm 13,4). Er war also in ernsthaften Schwierigkeiten! Er war zwar verzweifelt, aber nicht hoffnungslos. Mitten in seiner Situation entschied er sich, auf Gott zu vertrauen:

*Ich vertraue auf deine Gnade. Ich freue mich, dass du mich retten wirst. Ich will dem Herrn ein Loblied singen, weil er so gut zu mir war.* Psalm 13,6

David hatte schon oft Gottes Hilfe und Wunder erlebt: Gott hat ihm im Kampf gegen wilde Tiere geholfen, gab ihm die Kraft und Weisheit, Goliat zu besiegen, beschützte und führte ihn durch viele Schwierigkeiten hindurch und machte ihn schließlich zum König. Aber sogar David musste sich im Angesicht von neuen Schwierigkeiten wieder dafür entscheiden, Gott zu vertrauen.

Ich bin überzeugt davon, dass wir uns in jeder Lebenslage wieder neu entscheiden müssen, uns vertrauensvoll auf Gott zu stützen. Wenn man schon länger mit Gott unterwegs ist, mag das leichter fallen, aber dennoch beinhaltet jedes Alter wieder neue Herausforderungen: Seien es finanzielle Sorgen, Krankheiten, Eheprobleme, Verluste oder andere Schwierigkeiten.

In den Momenten, in denen die Überforderung überhandnimmt, die To-do-Liste uns vorwurfsvoll ansieht, sich Unruhe oder Ängste in unserem Herzen ausbreiten, ist es mal wieder an der Zeit, uns zu entscheiden, auf Gott zu vertrauen.

Es ist eine Entscheidung, die tiefer geht und weitreichende Folgen hat. Das Maß unseres Gottvertrauens offenbart, wie es um unser Herz steht: Kommen alte Wunden oder Lebenslügen an die Oberfläche, die uns davon abhalten, Gott voll und ganz zu vertrauen? Sind wir bereit, diese Wunden unseres Herzens anzuschauen, damit wir endlich vertrauensvoll loslassen können? Gott zu vertrauen ist eine Entscheidung, über die wir ernsthaft nachdenken sollten. Wenn wir Gott nämlich vertrauen, beeinflusst unsere Einstellung das Klima in unserem Umfeld maßgeblich und bildet eine gute Basis für kleine und große Lebensentscheidungen.

Wie wir mit unseren Finanzen, unserer Zeit und den Menschen in unserem Umfeld umgehen, ist ein Hinweis darauf, wie sehr wir Gott vertrauen. Die Wurzel, das Vertrauen in Gott, wird an den Früchten sichtbar.

Gott zu vertrauen ist etwas, für das wir uns täglich entscheiden müssen und das wir uns wie eine Gewohnheit antrainieren können. So wie wir regelmäßig Sport treiben müssen, damit unsere Muskeln trainiert werden, kann die Entscheidung zu vertrauen zur Gewohnheit werden. Und wenn dann ein Wunder passiert, kann unser Herz daran festhalten, um wiederholt ein stärkeres Vertrauen auf Gott einzuüben.

## Gebet:

*Vater, du siehst, wie sehr ich mir Wunder in meinem Leben wünsche. Ich möchte deine Hand und dein Wirken sehen. Lass mich Wunder mit dir erleben. Aber hilf mir dabei, an deinem Wirken in meinem Leben auch festhalten zu können. Gib mir den Mut und die Kraft dazu, mich täglich neu zu entscheiden, dir zu vertrauen.*

## Frage zum Nachdenken:

In welchen Lebensbereichen kannst du dich heute neu dafür entscheiden, Gott zu vertrauen?

# Gott unsere Vergangenheit anvertrauen

## Innere Heilung

Ist es nicht bemerkenswert, dass wir den Fernseher einschalten, wenn wir mal einen freien Abend haben? Oder dass wir uns in den sozialen Medien ablenken, um uns für ein paar Minuten eine Auszeit von unseren Schwierigkeiten zu gönnen? Oder wir betäuben uns mit übermäßigem Essen, oder essen gar nichts, um uns besser zu fühlen.

Wir tendieren dazu, unsere Rastlosigkeit so tief zu vergraben, dass wir gar nicht mehr daran denken. Wir betäuben unseren inneren Schmerz durch Ablenkung. Aber wenn wir den Fernseher ausschalten, das Handy zur Seite legen und die Süßigkeitenpackung leer ist, werden wir wieder in die Realität mit all ihren Mühen zurückkatapultiert. Innerlich fühlen wir uns weiterhin angespannt, leer oder unsere Unruhe meldet sich zurück.

Das, wovon wir uns Ruhe erhofft hatten, hat uns nur noch mehr mit unserer inneren Unruhe konfrontiert.

Ablenkung lässt unsere Probleme nicht verschwinden. Der süße Geschmack von Schokolade wird die Bitterkeit in unseren Herzen nicht entfernen. Sich eine Pause zu gönnen, obwohl das oft gut und notwendig ist, wird unsere innere Zerbrochenheit nicht heilen. Ablenkungen werden unsere Probleme nicht lösen.

Komfort kann ein Götze sein und Ablenkung ein einsturzgefährdeter Zufluchtsort. Das Thema der Ruhe zieht sich durch die gesamte Bibel hindurch und zeigt, dass Gott Pausen für uns vorgesehen hat. Er selbst hat geruht (1. Mose 2,2). Er gebot seinem Volk, den Sabbat und die jüdischen Feste einzuhalten. Erholung ist wichtig. Sich Pausen zu gönnen, ist absolut notwendig. Aber unsere innere Unruhe zu übertönen in der Hoffnung, dass Ablenkungen den Schmerz heilen, wird uns weiterhin rastlos sein lassen.

Innere Verletzungen, eine bittere Seele und rasende Gedanken, werden keine Heilung in leichter Unterhaltung finden, sondern nur in Gottes Gegenwart.

Gott ist die Quelle des inneren Friedens. Man kann hart arbeiten und gleichzeitig innerlich ruhen. Wenn die Gedanken geordnet sind und das Herz ruhig ist, kann man sich wirklich entspannen. Dann können unsere Seelen im alltäglichen Chaos innere Ruhe bewahren.

Wenn wir zu Gott kommen, um einfach bei ihm zu sein und uns an seinem Wort zu freuen, stellt er uns wieder her, heilt uns und zeigt uns seine Liebe. Er kann uns die tiefe Ruhe geben, nach der wir uns sehnen. Gott wird unserer Seele seinen Frieden geben, der jeden Verstand übersteigt (Philipper 4,6).

Der Schmerz, den wir fühlen, während Gott unsere Seele heilt, ist gut. Wir wachsen, reifen und werden frei, wenn wir unsere innere Unruhe oder Leere konfrontieren und den Schmerz zulassen.

Oft verstehen wir nicht, auf welche Art und Weise Gott uns heilt. Wir erkennen nicht, dass er uns manchmal in die Wüste führt, weil er unsere tief sitzenden Sklaveneinstellungen, die wir aus Ägypten mitgebracht haben, herausreißen möchte. Wir sehen nicht, dass Gott unsere innersten Überzeugungen mit einer neuen Identität als seine Kinder ersetzen möchte. Wir verstehen nicht, dass die einschneidenden Bilder und Erlebnisse der Vergangenheit an die Oberfläche unseres Bewusstseins kommen müssen, damit sie im Licht Gottes geheilt und verarbeitet werden können. Wir erkennen nicht, dass viele unserer Ängste in früheren Erlebnissen wurzeln und uns heute plagen, obwohl die damalige Gefahr gar nicht mehr besteht.

Was wäre, wenn wir Gott einfach einladen würden, unsere Vergangenheit aufzuarbeiten? Was könnte passieren, wenn wir Gott unser hartes, verletztes und zerstreutes Herz hingeben, damit er uns befreien und erneuern kann? Was wäre, wenn wir Gott in diese schmerzhaften Erinnerungen einladen würden?

Können wir Gott unsere Vergangenheit anvertrauen? Ich glaube, diese Frage stellte sich die samaritanische Frau aus Johannes 4 gar nicht, als sie sich aufmachte, um Wasser am Brunnen zu schöpfen.
Umso überraschter war sie, dass ein Jude sie ansprach. Normalerweise

wollten Juden mit den Samaritanern nichts zu tun haben. Und mit einer Frau mit einer solch schwierigen Vergangenheit wie ihrer schon gar nicht.

*Jesus antwortete: „Wenn du wüsstest, welche Gabe Gott für dich bereithält und wer der ist, der zu dir sagt: ‚Gib mir zu trinken', dann wärst du diejenige, die ihn bittet, und er würde dir lebendiges Wasser geben."* Johannes 4,10

Lebendiges Wasser ist es, was Gott uns geben möchte. Es symbolisiert das neue, frische und überfließende Wasser des Lebens. Das ist es, was Jesus über uns und unsere Erinnerungen aus der Vergangenheit gießen möchte, wie chaotisch und schwierig sie auch sein mögen. Sein Wasser setzt uns auf allen Ebenen frei und wäscht uns rein von der Vergangenheit.

Wenn wir in unserem Leben an eine unsichtbare Grenze stoßen, die uns daran hindert, Gott oder anderen Menschen zu vertrauen und wir scheinbar immer um denselben Berg herumwandern, ohne weiter zu kommen, ist es an der Zeit, Gott um Hilfe zu bitten.

Wenn wir all unseren Mut zusammennehmen und unsere Vergangenheit, wie schmerzhaft sie auch sein mag, Gott vor die Füße legen und ihn bitten, uns zu heilen, wird er uns antworten. Denn unser liebender Vater sehnt sich danach, uns zu erneuern. Er kann es kaum erwarten, uns mit seiner Liebe und Gnade zu begegnen, damit wir frei werden. Frei zu leben, zu lieben und zu vertrauen. Aber es erfordert ein offenes Herz unsererseits und die Entscheidung, Gott in unserem Innern wirken zu lassen.

## Gebet:

*Vater, du bist ein Gott, der heilt. Du bringst Licht ins Dunkel. Hilf mir, meine Vergangenheit in deiner Gegenwart neu aufzuarbeiten. Befreie mich von Lebenslügen und Mustern von früher, nach denen ich heute noch immer lebe. Erneuere mich und verändere mein Herz, sodass mein Vertrauen in dich wächst. In Jesu Namen, Amen.*

## Frage zum Nachdenken:

Bist du bereit, Gott deine Vergangenheit anzuvertrauen?
Kannst du dir vorstellen, Gott in schmerzhafte Erinnerungen einzuladen und ihn dein Herz heilen zu lassen?

# Wenn Versöhnung befreit

Inmitten der staubigen Prärie von Texas lebte ein Mann namens Jack, der eine große Viehfarm besaß. Seine zwölf Söhne arbeiteten tatkräftig auf der Farm mit. Jedoch herrschte viel Feindschaft unter den jungen Männern. Jude und seine Brüder wurden von ihrem Vater Jack übersehen. Dieser bevorzugte nämlich den jüngsten Sohn Joe. Deshalb hassten ihn seine älteren Brüder. Was für eine dysfunktionale Familiensituation!

Wenn so viel Spannung in der Luft liegt, ist eine Implosion oft nicht weit entfernt. Und diese folgte, als Joe von einem Traum erzählte: Er würde einmal ein berühmter Geschäftsmann werden; viel reicher und angesehener als seine Brüder und sein Vater es je sein würden. Das brachte das Fass zum Überlaufen. Die Brüder waren außer sich vor Wut und berieten sogar, ob sie ihn umbringen sollten. Tyler, der sanftmütigste der Brüder, überzeugte sie, ihm nur zu drohen. Also schlugen die Brüder Joe brutal zusammen, jagten ihn fort und schworen, ihn umzubringen, sollte er jemals wieder zurückkehren.

Für die Brüder schien das Problem nun gelöst zu sein. Jedoch bedachten sie nicht, dass das Geheimnis und die Schuldgefühle sie die folgenden Jahre begleiten würden. Angst und Furcht vor Strafe begleiteten von da an ihr Leben. Währenddessen wanderte Joe in der kahlen Weite von Texas umher und fand schließlich Arbeit als Handlanger auf einer weit abgelegenen Farm. Durch einen schwerwiegenden Vorfall bei der Arbeit, der ihn unschuldig ins Gefängnis brachte, erreichte Joe einen weiteren Tiefpunkt in seinem Leben.

Ungerechtigkeiten und Jahre des Wartens können das Herz bitter werden lassen. Joe wurde innerlich härter und abgestumpfter. Sein großer Traum verblasste mehr und mehr vor seinen Augen.

Gott aber war mit Joe und schenkte ihm Gunst, wo auch immer er hinkam. Im Gefängnis bekam er die Möglichkeit, eine Ausbildung zu absolvieren, die ihm den Eintritt ins College erleichtern würde. Dankbar nahm er das Angebot an, arbeitete hart und studierte nach seinem Gefängnisaufenthalt Wirtschaftswissenschaften.

Als herausragender Absolvent bekam er wie durch ein Wunder eine Stelle als Stellvertreter des CEOs in einer der größten Banken der USA und erlangte schnell großes Ansehen in der Finanzbranche.

Während eine Wirtschaftskrise wütete, begegnete er in der imposanten Lobby seines Firmengebäudes seinen Brüdern. Wie versteinert blieb er stehen und beobachtete, wie sie zielstrebig an ihm vorbeigingen. Konnte es wirklich sein? Die abgetragenen Kleider und ernsten Minen bezeugten den finanziellen Ruin der Familie. Joe schnappte Gesprächsfetzen auf: „Jetzt müssen wir sogar einen Kredit aufnehmen, damit wir überleben können. Hätten wir Joe damals bloß nicht so viel Leid angetan. Das ist sicher unsere Strafe!"

Schuldgefühle und die Angst vor Strafe sind auch nach Jahren noch ihre ständigen Begleiter.

Joe wandte sich ab, eilte zum nächsten Aufzug und zog sich in sein Büro zurück. Seine Gedanken rasten und seine Gefühle überwältigten ihn. In dieser Nacht konnte er kaum schlafen. Bilder, die er jahrelang unterdrückt hatte, bahnten sich ihren Weg in sein Bewusstsein und ließen ihm keine Ruhe. Es folgte eine anspruchsvolle Zeit, in der Joe sich regelmäßig ins Gebet zurückzog und seine Vergangenheit in Gottes Gegenwart aufarbeitete.

Wenige Wochen später ließen seine Brüder erneut ihre Farm in Texas zurück und begaben sich ins Hauptquartier der Bank. Mit zitternden Knien ging Joe auf sie zu und offenbarte sich ihnen als ihr Bruder.

Die folgende Aussage lässt erkennen, dass er seinen Brüdern vergeben hatte:

*Aber macht euch deswegen keine Vorwürfe. Gott selbst hat mich vor euch hergeschickt, um euer Leben zu retten.* 1. Mose 45,5

In allem erkannte er sogar Gottes Handeln. Zu so einem Schluss kann nur jemand kommen, der mit seiner eigenen Geschichte versöhnt ist.

Die Geschichte, die ich hier erzählt habe, ist nichts anderes, als eine moderne und nacherzählte Variante der Geschichte von Josef aus 1. Mose. Die Schuldtat wird im Licht Gottes nicht einfach ignoriert, sondern benannt. Trotz allen Leids fand Josef die Kraft, seinen Brüdern zu vergeben. Vergebung befreit uns, erleichtert unser Herz und nimmt die erdrückende

Last von unseren Schultern.

Schuldgefühle lasten schwer auf unseren Herzen und können uns über ein ganzes Leben hinweg in einer inneren Gefangenschaft halten. Während Josefs Brüder mit ihrer Schuld haderten, arbeitete er auf Versöhnung und Versorgung für die gesamte Familie hin (1. Mose 50,15-21).

Auch wir haben uns in vergangenen Situationen oft nicht korrekt verhalten. In der Bibel steht dazu Folgendes:

*An seinem eigenen Körper hat er unsere Sünden an das Kreuz hinaufgetragen, damit wir für die Sünde tot sind und für die Gerechtigkeit leben können. Durch seine Wunden seid ihr geheilt worden!* 1. Petrus 2,24

Unsere Heilung kommt durch die Wunden Jesu, nicht durch die Wunden, die wir uns selbst durch Schuldgefühle zufügen. Wir konnten uns noch nie selbst von unserer Schuld befreien, also warum sollten wir es weiterhin versuchen? Egal wie oft wir beten, egal wie sehr wir bereuen, egal wie schmerzhaft es ist, mit unseren eigenen Fehlern zu leben – es ändert nichts an der Tatsache, dass Jesus uns bereits bei der ersten Bitte um Vergebung vergeben hat.

*Wenn wir unsere Sünden bekennen, ist er treu und gerecht, dass er uns die Sünden vergibt und uns reinigt von jeder Ungerechtigkeit.* 1. Johannes 1,9

## Gebet:

*Vater, du siehst, welches Unrecht ich erlebt habe. Ich bitte dich, dass du mir die Kraft gibst, zu vergeben. Gleichzeitig siehst du auch, welche Fehler ich begangen habe. Gib mir den Mut, deine Vergebung anzunehmen und meine Übertretungen loszulassen. Befreie mich und gib mir ein weiches Herz.*
*In Jesu Namen, Amen.*

## Frage zum Nachdenken:

Ist es für dich an der Zeit, jemandem zu vergeben oder Vergebung anzunehmen?

# Frei von der Vergangenheit

Viele von uns haben Erfahrungen gemacht, die wir im Licht eines guten Gottes nicht wirklich einordnen können. Wo war Gott, während uns Schlimmes passierte? Weshalb hat Gott in einer schwierigen Situation nicht so eingegriffen, wie wir es uns erhofften?

Es ist wichtig, dass wir mit unseren Fragen zu Gott gehen. Wenn wir unsere Vergangenheit in seiner liebenden Gegenwart bereinigen können, werden wir merken, dass uns der Alltag leichter fällt und wir sorgenfreier durchs Leben gehen können.

Viele zwischenmenschliche Probleme basieren auf Verletzungen aus der Vergangenheit. Ein klassisches Beispiel sind Auseinandersetzungen zwischen Ehepaaren:

Silvia kommt vom Einkauf zurück und hat vergessen, Äpfel zu kaufen. Dabei hat Eric ihr zuvor gesagt, dass er gerne ein paar von seiner Lieblingssorte hätte. Aus für Silvia unerklärlichen Gründen reagiert Eric merkwürdig beleidigt und spricht kaum noch mit ihr. Er zieht sich zurück und zeigt ihr die kalte Schulter. Silvia ist verwirrt, da es doch nur um ein paar vergessene Äpfel geht. Vielleicht spürt Eric unbewusst, dass er überreagiert, aber die Situation hat ihn so tief verletzt, dass er vorerst Abstand von Silvia braucht.

Eric war nicht bewusst, dass dieser Vorfall ihn an offene Wunden aus der Kindheit erinnerte. Seine Bedürfnisse wurden nämlich oft übersehen und er wurde nicht ernst genommen. Seine Eltern mussten viel arbeiten, weshalb sich der kleine Eric alleine und im Stich gelassen fühlte. Und nun nahm ihn seine eigene Frau nicht ernst, was alte Verletzungen hervortreten ließ. Der Schmerz, den er empfand, hatte eigentlich wenig mit Silvia zu tun. Es wurde deutlich: Es ging nie um die Äpfel. Oft wird deutlich, dass Verletzungspunkte mehr mit uns selbst und unserer Vergangenheit zu tun haben, als mit einer konkreten Handlung des Gegenübers. Weshalb lassen wir es dann zu, dass diese alten Verletzungen uns entzweien?

Die Probleme liegen in unserem Innern. In unserer komplexen Gefühls- und Gedankenwelt, in unseren Herzen, spielt sich der wahre Kampf ab.

Dort schlummern die diffusen Erinnerungen, aus denen wir uns unsere Sicht auf die Welt, andere Menschen und uns selbst zusammenreimen.

Weshalb sonst waren Josefs Brüder mit solchem Hass erfüllt, dass sie ihn sogar umbringen wollten (1. Mose 27,18)? Wie sonst wären die Spione, die damals das verheißene Land auskundschaften sollten, darauf gekommen, sich selbst im Vergleich zu den dort lebenden Völkern als Heuschrecken zu sehen, während Josua und Kaleb ihr Vertrauen auf Gott setzten (4. Mose 13,25-14,12)?

Es ist wichtig, dass wir uns mit unserer Vergangenheit auseinandersetzen. Denn dort schlummern viele Gründe, die uns daran hindern, uns vertrauensvoll auf Gott zu verlassen. Wie wir in Beziehungen reagieren, zeigt sich oft auch in unserer Beziehung zu Gott. Wie die Ehe, ist unsere Beziehung zu Gott eine Liebesbeziehung, in der Kindheitserlebnisse uns oft unbewusst beeinflussen. Reagieren wir nicht manchmal auch, beeinflusst von Erlebnissen aus unserer Kindheit, über, wenn Gott uns z.B. Wünsche verwehrt?

Wenige Jahre, nachdem ich mich für den Glauben an Jesus Christus entschieden hatte, erhielt ich einen der besten Ratschläge, den ich je gehört hatte. Dieser kam von einer gläubigen Frau, die eng mit Gott verbunden war und eine tiefe Liebe für Menschen im Herzen trug. Gottes Wirken war in ihrem Leben klar erkennbar.

Ich fragte sie, wie man zu solch einem starken Glauben und so einer tiefen Gottesbeziehung kommen kann. Sie sagte mir, dass es damit anfängt, sich selbst besser kennenzulernen. Sie legte mir ans Herz, mehr über mich selbst zu erfahren und Gott darum zu bitten, mir Dinge über mich zu offenbaren. Ihr Rat überraschte mich sehr. Bis zu diesem Zeitpunkt war ich der Meinung, dass Christen sich auf andere fokussieren sollten und nicht über sich selber nachdenken durften. Ich glaubte der Lüge, dass ich egoistisch wäre, wenn ich mich mit mir selbst beschäftigte. Jedoch saß ich dieser erstaunlichen Frau Gottes gegenüber, die überhaupt nicht selbstbezogen wirkte. Interessanterweise führt uns die Auseinandersetzung mit uns selbst im Licht Gottes in eine tiefere Beziehung zu ihm. Und gleichzeitig kann eine Auseinandersetzung mit Gott und seinem Wesen uns mehr über uns selbst verraten.

Wenn wir Zeit mit Gott in der Bibel und im Gebet verbringen, werden wir automatisch mit unseren Sünden, Fehlern aus der Vergangenheit und tief sitzenden Verletzungen konfrontiert. Die Bibel fordert nämlich unser Herz heraus:

*Das Wort Gottes ist lebendig und wirksam. Es ist schärfer als das schärfste Schwert und durchdringt unsere innersten Gedanken und Wünsche. Es deckt auf, wer wir wirklich sind, und macht unser Herz vor Gott offenbar.*
Hebräer 4,12

Was tun wir mit Erinnerungen, die uns auch heute noch Schmerz und Traurigkeit bereiten? Wir laden Jesus ein, in diese schmerzhaften Erinnerungen zu kommen. Er sehnt sich danach, unser Herz zu heilen. Er möchte diese Situationen mit uns zusammen durcharbeiten, uns seine Wahrheit zusprechen und uns frei machen:

*Ihr werdet die Wahrheit erkennen, und die Wahrheit wird euch frei machen.*
Johannes 8,32

Unsere Vergangenheit aufzuräumen, befreit. Unsere alten Denkmuster und Verhaltensweisen ans Licht zu bringen und zu hinterfragen, befreit. Lügen mit der Wahrheit zu ersetzen, befreit.

Wenn wir bei diesem Prozess nicht so recht vorwärtskommen oder an Erinnerungen stoßen, die zu schmerzhaft sind, ist es wichtig, sich Hilfe von Fachpersonen zu holen. Geistliche Mentoren, Seelsorger, Psychologen und Psychiater können weiterhelfen. Wenn wir uns mit unseren destruktiven Denkmustern und Verhaltensweisen auseinandersetzen, werden wir frei und können mehr und mehr in die neue Identität eintreten, die Jesus uns geschenkt hat (Epheser 4,23-24).

## Gebet:

*Vater, du siehst meine Vergangenheit. Du weißt genau, was mir noch Schmerzen bereitet, was ans Licht muss und wo ich Heilung benötige. Bitte nimm mich an der Hand und führe mich den Weg der inneren Heilung. Stelle mir Menschen zur Seite, die mich begleiten und mir helfen können. Gib mir den Mut, mich zu öffnen.*
*In Jesu Namen, Amen.*

## Fragen zum Nachdenken:

Bist du bereit dazu, deine Vergangenheit anzugehen?
Welche konkreten Schritte in Richtung innere Heilung könntest du heute tun?

# Aus Leere wird Fülle

Als Noomi in Moab ankam, hoffte sie, die Hungersnot in ihrem eigenen Land hinter sich lassen zu können. Durch den Tod ihres Mannes und ihrer beiden Söhne wurde sie aber mit noch mehr Leid konfrontiert (Rut 1,1-5). An einem Ort, an dem sie sich Fülle erhoffte, fand sie nur Leere vor.

Moab gleicht einer schwarzen Leinwand; dunkel und hoffnungslos. So wie Noomi, können auch wir Phasen erleben, in denen wir uns in einem leeren Land voller Dunkelheit wiederfinden: Sei es durch Leid, psychische oder körperliche Krankheit, Verzweiflung oder Trauer.

Aufgrund ihrer aussichtslosen Zukunft in Moab machte sich Noomi zusammen mit ihrer Schwiegertochter Rut auf, zurück nach Bethlehem zu gehen, zu einem Ort der Fülle, an dem gerade die Gerstenernte stattfand. Es war genügend Nahrung vorhanden (Rut 2,17 u. 3,15-17) und die Leute waren freundlich zu ihr. Obwohl die Fülle um Noomi herum erkennbar war, war ihr Herz noch schwer. Sie hatte die Leere, die sie aus Moab kannte, noch nicht hinter sich gelassen. Ihr Herz war voller Bitterkeit und das Leid lag schwer auf ihr (Rut 1,20-21).

Gott aber nahm sich dieses schwarzen Gemäldes an. Der Schöpfer selbst setzte sich ans Werk, um auf die schwarze Leinwand ein farbenfrohes Kunstwerk zu malen. Mit jeder freundlichen Geste und jeder vollen Mahlzeit, die Noomi geschenkt wurden, erschuf Gott bunte Blumen auf dem Gemälde, die mehr und mehr sichtbar wurden.

Im Buch Rut wird deutlich, dass Gott es ist, der uns alles gibt, was wir brauchen. Viele von uns denken, dass ihr Leben komplett wäre, wenn sie nur den richtigen Partner oder die richtige Partnerin finden. Dabei ist es Gott, der die rechte Person zur rechten Zeit in unser Leben führen kann. Er versorgt uns durch unseren Job, wenn diese Einnahmenquelle aber versagt, oftmals auch durch ein Wunder. Die Geschichte von Noomi und Rut zeigt deutlich, dass Gott es ist, der Versorgung, Lebensaufgaben, Beziehungen und noch viel mehr in unser Leben bringt. Er ist es, der uns segnet und Türen öffnet. Er ist die Quelle von allem Gutem.

Das sehen wir besonders an der Geschichte von Rut, die Noomi nach Israel folgte, obwohl sie selbst aus einem anderen Volk stammte. Sie bezeugte ihre Treue zu Gott (Rut 2,11) und gehorchte ihm. Sie war rundum eine Frau von Integrität (Rut 3,11). Das zeigte sich unter anderem darin, dass sie sehr fleißig war (2,17). Täglich sammelte sie von früh bis spät Gersten auf. Sie arbeitete nicht nur für sich selbst, sondern versorgte auch ihre Schwiegermutter Noomi. Sie lebte nach Gottes Willen und befolgte die Gebote.

Gott segnet uns, weil er gut und treu ist. Er liebt uns und möchte uns beschenken. Jedoch können wir oftmals eine Verbindung zwischen unserem Gehorsam und seinem Segen beobachten:

*Macht das Reich Gottes zu eurem wichtigsten Anliegen, lebt in Gottes Gerechtigkeit, und er wird euch all das geben, was ihr braucht.* Matthäus 6,33

Noomis angesehener und wohlhabender Verwandter Boas heiratete schließlich Rut. Diese gesellschaftliche Konvention nannte man Leviratsehe: Die Witwe wurde mit ihrem nächsten Verwandten verheiratet, damit sie und die Kinder versorgt und der Name des verstorbenen Vaters weitergeführt werden würde (5. Mose 25,5-10). Ihr Sohn galt somit als Enkel von Noomi.[2]

Gott kann Menschen trotz großen Leids in eine gute Zukunft führen: Noomi, die alles verloren hatte, beschenkte er mit genügend Nahrung, einem Nachkommen, einer Aufgabe, Schutz und einem neuen Zuhause. Rut, die ihren Ehemann verloren hatte, schenkte er einen neuen Mann und einen Sohn.

Stück für Stück fügte Gott Farben und Formen zusammen und erschuf ein neues Bild, wobei der schwarze Hintergrund mehr und mehr bedeckt wurde und in Vergessenheit geriet. Gottes Liebe und Treue hängen nun in Form dieses Kunstwerks an der Wand, sichtbar für alle. Was mit Trauer und Hoffnungslosigkeit begann, endete in Freude und einem Leben in Fülle.

Auch das Leben Jesu ähnelte am Ende einer schwarzen Leinwand: Gottes Liebe und Treue hingen leidend am Kreuz, sichtbar für alle, zur Rettung aller. Doch was im Leid begann, endete mit der Auferstehung im Sieg.

Gott hat die Fähigkeit, sich dem Leid von Menschen anzunehmen, in ihrem Leben zu wirken und etwas ganz Neues zu erschaffen. Und genau dieses Kunstwerk soll nicht nur die betreffende Person selbst betrachten, sondern es dient als Zeugnis von Gottes Liebe für alle, die davon erfahren.

Hätte Noomi je gedacht, dass ihr Leben, niedergeschrieben in der Bibel, zu einem Zeugnis von Gottes Treue für die nächsten Generationen werden würde?

Hätte Noomi gewusst, dass ihr Enkel der Großvater des bedeutenden König David sein würde (Rut 4,17) und somit ein Vorfahre von Jesus selbst (Matthäus 1)?

Während wir nur unsere schwarze Leinwand sehen, greift Gott zum Farbkasten und sieht schon die bunten Formen, die er in unserem Leben entstehen lassen wird.

Werden wir Gott vertrauen?

Werden wir es zulassen, dass er sich unserer Leinwand annimmt und etwas Neues darauf entstehen lässt?

Werden wir ihm die Zeit lassen, die er braucht, um das zu erschaffen, was er in unserem Leben kreieren möchte?

Denn eines steht fest:
Das Kunstwerk, das nur der Schöpfer selbst erschaffen kann, wird nicht nur zum Segen in unserem eigenen Leben, sondern auch für unser Umfeld und zum Zeugnis für alle, die es sehen. Weshalb? Weil seine Pläne größer sind als unsere.

## Gebet:

*Vater, du siehst die Lebensbereiche, in denen ich nur eine schwarze Leinwand vor mir sehe. Bitte nimm dich dieser Dunkelheit an. Ich vertraue, dass du dein Licht darauf scheinen lässt, dich ans Werk setzt und ein farbenfrohes Bild daraus kreierst. In Jesu Namen, Amen.*

## Frage zum Nachdenken:

Hast du schon mal erlebt, wie Gott in eine hoffnungslose Situation eingegriffen hat?

# Vertrauensprobe: mein Leben mit chronischen Schmerzen

Beim Arbeiten am Computer vernahm ich einen brennenden Schmerz in meinen Ellbogen und Händen. Fälschlicherweise wurden bei mir Sehnenscheidenentzündungen diagnostiziert, die chronisch verliefen. Durch reguläre Behandlungen wurden meine Schmerzen nur noch schlimmer.

Egal, ob ich mein Handy bediente, am Computer arbeitete oder Hausarbeiten erledigte, der Schmerz war mein ständiger Begleiter. Manchmal wurde es so schlimm, dass meine Hände schlichtweg blockierten und ich sie fast nicht mehr bewegen konnte. Zudem plagten mich täglich Kopfschmerzen, ich war ständig müde und hatte konstante Verdauungsbeschwerden.

Besuche bei beinahe 20 Ärzten über einen längeren Zeitraum hinweg, brachten mehr Hoffnungslosigkeit als Besserung. Ich machte die Erfahrung, die viele Menschen mit chronischen Beschwerden auch machen: Ich fühlte mich total alleingelassen. Niemand konnte nachvollziehen, mit was ich zu kämpfen hatte, da man äußerlich keine physischen Gebrechen erkennen konnte. Emotional war ich sehr herausgefordert.

Verzweiflung vertrieb jede Hoffnung. Innerlich war ich wütend und traurig. „Weshalb greift Gott nicht ein? Weshalb heilt er mich nicht?“, waren meine täglichen Fragen. Der Alltag war schwierig zu bewältigen und ich wusste weder ein noch aus.

Ich fragte mich, ob Gott mir Gesundheit nicht gönnte. Ob ich etwas falsch machte, ob er mich bestrafen wollte oder ich einfach zu wenig glaubte. Konnte es sein, dass Heilung mein Götze wurde und er mich deshalb nicht heilte? Ich betete oft und versuchte alles, damit Gott mich doch nur heilen würde. In dieser Zeit kamen meine verzerrten Vorstellungen von Gott ans Licht. Der Gott, dem ich folgte, war ein Bild in meinem Kopf, das sich, geprägt von eigenen Erfahrungen und Lebenslügen, verfestigt hatte. Seine Liebe und Gnade waren zu diesem Zeitpunkt nur ein fades Wissen in meinem Kopf, mein Herz aber konnte sie nicht ergreifen.

Wir fühlen uns sicher, wenn wir glauben, dass Gott uns liebt und hinter uns steht. Wenn wir diese vertraute Nähe zu unserem himmlischen Vater nicht erleben, erscheint uns die ganze Welt als bedrohlich. Wir deuten jeden Schmerz und jedes Hindernis als etwas, das Gott uns in den Weg stellt, sei es, um uns zu erziehen oder uns zu bestrafen.

Unsere Vorstellungen von Gott bestimmen unsere Gedanken, Entscheidungen sowie Taten und somit unser gesamtes Leben. Falls wir uns Gott als einen netten Großvater vorstellen, der uns jeden Wunsch von den Lippen abliest, werden wir wütend, wenn er uns einen Weg führt, der nicht unserem Willen entspricht. Wenn wir ein Bild von einem zornigen Gott verinnerlicht haben, leben wir in ständiger Angst davor, einen Fehler zu machen.

Eine biblische Sicht auf Gott aber lässt uns die Hoffnung während Schwierigkeiten behalten. Wenn seine Liebe und Gnade in uns verankert sind, wissen wir, dass Gott Stürme zulässt und gleichzeitig so groß ist, dass er aus jedem Scherbenhaufen etwas Neues und Schönes entstehen lassen kann. Wenn wir eng mit Gott verbunden bleiben und wissen, dass er für uns sorgt, können wir mutige Schritte im Glauben gehen.

Während meiner dunklen Jahre mit chronischen Schmerzen kam zum Vorschein, dass mein Vertrauen in Gott gering war, weil mein Verständnis von ihm von Lügen durchzogen war.

Der Gott in meinem Kopf ließ wenig Raum für Hoffnung und Gnade zu. Obwohl ich die Wahrheit wiederholt hörte, konnte ich nicht daran festhalten und mich in die liebenden Arme Gottes fallen lassen. Mein Alltag wäre trotz starker Schmerzen leichter gewesen, hätte ich einfach die Hoffnung behalten und mich nicht der Verzweiflung hingegeben.

David äußert seine Gefühle Gott gegenüber offen und ehrlich. Er beschreibt, mit was er konfrontiert wird, und lässt seinen Emotionen freien Lauf. Doch viele seiner Psalmen enden mit einem Bekenntnis der Hoffnung.

David wird von Menschen bedroht und von seinen Feinden verfolgt. Aber er behält das Vertrauen in Gott:

*Doch wenn ich Angst habe, vertraue ich dir. Gott, ich preise dein Wort und vertraue auf dich, warum sollte ich mich fürchten? Was können mir Menschen anhaben?* Psalm 56,4-5

In Gottes Gegenwart gelang es David, seine Ängste und Nöte in Vertrauen umzukehren. Sein Gottesbild war geprägt von Liebe und Nähe. Er wusste, dass Gott hinter ihm stand. Könnte ich zurückgehen in diese gesundheitlich schwierigen Jahre, würde ich viel mehr für die Hoffnung und das Vertrauen in Gott kämpfen.

Mein Vertrauen war klein und meine Vorstellung von Gott schräg und trotzdem bin ich heute geheilt. So groß ist Gottes Gnade. Gott führte mich einen Weg der Heilung, der zu komplex ist, um ihn hier zu erläutern und weitere Jahre dauerte. Das bisschen Wahrheit über Gott, das in meinem Kopf war, rutschte durch diesen Prozess in mein Herz: Eine Liebe und Gnade, auf der mein Leben gründet und an der ich mich festhalten kann.

Selbst wenn unser Vertrauen versagt, selbst wenn wir den Lügen glauben, ist Gottes Gnade doch größer.

## Gebet:

*Vater, du siehst, welches Bild ich von dir habe. Bitte komm mit deinem Licht hinein und lass mich erkennen, welche Gedanken über dich der Wahrheit entsprechen und welche Lügen sind. Schenk mir Erkenntnis und eine Offenbarung von deinem Wesen und deiner Liebe.*
*In Jesu Namen, Amen.*

## Frage zum Nachdenken:

Wer ist Gott für dich? Wie würdest du dein Bild von Gott beschreiben?

# 7 Dinge, die ich während 5 Jahren mit chronischen Schmerzen gelernt habe

„Mama, trag mich“, schallt es durch die Nachbarschaft. Mein Kind schaut mich vorwurfsvoll an.

„Ich trage zu viele Einkaufstüten, ich kann dich nicht auch noch hochnehmen“, sage ich, da wir gerade nach einem großen Einkauf auf dem Weg nach Hause sind. Die Kleine bleibt trotzig stehen, schreit und bewegt sich keinen Schritt.

Das ist der Moment, in dem man sich als Elternteil fragt, ob man den Weg des geringsten Widerstands wählen soll, indem man das Kind halt einfach trägt oder es aufs Leben vorbereitet, indem es lernt, selbstständig zu werden. In ihrem Alter kann ich gut erwarten, dass sie diesen kurzen Weg selbst meistern kann. Es wird sie nur stärker und ausdauernder machen und sie muss lernen, Herausforderungen zu bewältigen. Wenn sie erwachsen ist, wird niemand da sein, der ihre Probleme aus dem Weg räumt. Widerwillig und mit viel Geschrei, trottet sie schließlich hinter mir her.

Während unser kindlicher Blick auf dem Berg voller Schwierigkeiten verweilt, interessiert sich Gott für unser Herz. Er kann jede Situation, die sich bietet, nutzen, um uns zu formen. Es ist sein Herzensanliegen, dass wir reifen sowie freier und seinem Sohn immer ähnlicher werden.

Während meiner fünf Jahre mit chronischen Schmerzen habe ich einiges gelernt. Ich hoffe, die folgenden Punkte inspirieren dich dazu, in deinem eigenen Leben zu erkennen, was du in schwierigen Umständen schon gelernt hast oder in deiner jetzigen Situation lernen kannst:

**1.** Es ist in Ordnung, Hilfe anzunehmen. Unterstützung aus dem Umfeld zuzulassen ist manchmal gar nicht einfach. Je öfter man aber Hilfe annimmt, desto leichter fällt es einem.

**2.** Durchhaltevermögen. Jeden Tag zur Uni fahren und einer Teilzeitarbeit nachzugehen, trotz starker körperlicher Beschwerden, hat meine Willenskraft und Ausdauer gestärkt. Ich lernte durchzuhalten und jeden Tag mein Mögliches zu tun.

**3.** Barmherzigkeit und Empathie für andere Menschen. Heute gehe ich mit meinen Mitmenschen verständnisvoller und geduldiger um. Wenn sich z.B. jemand in der Öffentlichkeit ungeduldig verhält oder sichtlich frustriert ist, erinnere ich mich daran, dass die Person vielleicht mit körperlichen, emotionalen oder familiären Schwierigkeiten zu kämpfen hat. Natürlich rechtfertigt ein solcher Hintergrund ihr Verhalten nicht, jedoch kann ich anderen Menschen mit Einfühlungsvermögen begegnen.

**4.** Proaktiv Wege aus dem Schmerz suchen. Unzählige Stunden verbrachte ich damit, Nachforschungen anzustellen und mit erfahrenen Fachleuten zu reden. Obwohl viele Wege in eine Sackgasse führten, offenbarte Gott mir einen Pfad, der mich schlussendlich aus meiner Krankheitsgeschichte herausführte.

**5.** Ein Leben ohne Schmerzen zu idealisieren, ist nicht hilfreich. Körperliche Gesundheit bewahrt nicht vor weiteren Schwierigkeiten im Leben. Weil der Schmerz der ständige Begleiter in meinem Leben war, dachte ich, ein gesunder Körper bedeutet, ein perfektes Leben führen zu können. Natürlich ist ein Leben ohne Schmerzen einfacher. Jedoch bewahrt eine gesunde körperliche Verfassung nicht vor anderen Problemen. Ich musste akzeptieren, dass Herausforderungen zum Leben dazugehören.

**6.** Heilung braucht Zeit und Rückschläge gehören dazu. Mein Heilungsweg dauerte lange und verlief nicht linear. Mit Rückschlägen klarzukommen, erfordert viel Geduld und Widerstandskraft.

**7.** Gott ist mit mir und steht an meiner Seite. Gerne würde ich dir sagen, dass ich immer positiv gestimmt und voller Vertrauen auf Gott durch diese Zeit ging.

Aber das Gegenteil war der Fall. Wiederholt versank ich im Selbstmitleid und fragte Gott, weshalb gerade ich mit diesen Schmerzen und Einschränkungen leben musste.

In einigen christlichen Kreisen werden auf Leidende sehr viele unnötige Lasten und religiöse Verpflichtungen aufgeladen, die sie aus ihrer Situation hinausführen sollen. Dahinter steckt meistens ein Mangel an Empathie und dem Anerkennen, dass Gott trotz aller Offenbarungen undurchschaubar bleibt und wir nicht alles erklären können.

Die gesamte biblische Geschichte zeigt klar, dass Gott das Böse nicht verursacht. Er ist nicht der Urheber von Leid, Krankheiten und dem Schmerz, den viele in dieser gefallenen Welt erleben. Jesus hat Kranke geheilt und Dämonen ausgetrieben. Gott arbeitet auf das Gute in unserem Leben hin.

Während dieser schmerzhaften Zeit sah ich nicht, wie sich diese sieben Punkte in meinem Leben entwickelten. Ich erkannte nicht, dass sich mein Herz veränderte. Erst mit einem zeitlichen Abstand erkenne ich, dass Gott während dieser Jahre an meiner Seite war und Gutes bewirkte.

Heute habe ich viel mehr Durchhaltevermögen und Disziplin, weil ich damals täglich trotz vieler Hindernisse meine Aufgaben erledigen musste. Man wird diszipliniert, wenn man an der Uni trotz brennender Hände und Kopfschmerzen zuhören und lernen muss.

Ich habe Durchhaltevermögen trainiert, als ich täglich aufstand und neben dem Lernen zur Arbeit fuhr und trotz ständiger Schmerzen mein Bestes gab. Heute habe ich die Empathie, mich bei Seelsorgegesprächen in Menschen hineinzuversetzen, besonders in die Personen, die mit Schmerzen kämpfen oder jahrelang in aussichtslosen Situationen festsitzen.

In meinem Herzen ist unglaublich viel Dankbarkeit dafür, dass ich heute Sport treiben, beschwerdefrei schreiben oder ein Kind in den Armen halten kann. Wenn wir es zulassen, können wir aus Herausforderungen gestärkt und mit neuen Fähigkeiten hervorgehen.

## Gebet:

*Vater, du siehst, mit welchen Problemen ich mich gerade herumschlage. Du siehst die Meinungen anderer Menschen und wie ich mir keinen Reim darauf machen kann, weshalb ich in diesen Schwierigkeiten festsitze. Lass mich an meinen Herausforderungen wachsen, anstatt daran zu verzweifeln. Begegne mir, hilf mir und führe mich hinaus.*
*In Jesu Namen, Amen.*

## Frage zum Nachdenken:

Denke an schwierige Zeiten in deinem Leben zurück – was hast du dadurch gelernt?

# Gott in der Gegenwart vertrauen

## Wachse an deinen Herausforderungen

Julina steht vor einer Herausforderung. Dabei ist sie doch ein netter und anständiger Mensch. Weshalb türmt sich nun ein Berg voller Hindernisse vor ihr auf? Bisher dachte sie insgeheim, dass ihre guten Taten ein Schutz vor Schwierigkeiten seien. Julina war davon überzeugt, von großen Problemen verschont zu werden, wenn sie nur Gutes tun würde. Und nun steht sie vor einem Berg an Herausforderungen, dessen Gipfel so hoch erscheint, dass sie ihn durch die drückende Nebelwand gar nicht sehen kann.

Dabei schauen wir in der Geschichte zurück und sehen, dass Julina nicht alleine ist. Selbst Hiob, der ein durch und durch aufrichtiges und rechtschaffenes Leben führte, wurde nicht vor Leid verschont. Julina reiht sich ein in die Geschichten vieler gottesfürchtiger Männer und Frauen, die Herausforderungen durchlebten:

Rut verlor ihren Mann, Josef wurde zu Unrecht ins Gefängnis geworfen, Paulus wurde mehrmals geschlagen und verspottet.

Die Liste ist lang! Und natürlich: Jesus, Gott selbst, hat auch viel gelitten. Menschen, die vieles richtig gemacht haben und ein gottesfürchtiges Leben führten, mussten große Schmerzen erleiden. Ihr Leben war voller Hindernisse. Jesus selbst sagt uns:

*Das habe ich euch gesagt, damit ihr Frieden habt in mir. In der Welt habt ihr Angst; aber seid getrost, ich habe die Welt überwunden.* Johannes 16,33 (ZB)

Belastungen gehören zum Leben dazu. Schon von Anfang an war klar, dass Julinas Herz nicht vor Schmerz verschont bleiben würde.

Die Frage ist, wie sie mit schwierigen Situationen umgehen wird. Wird sie den Berg an Schwierigkeiten schleppend und mit viel Selbstmitleid erklimmen? Oder entscheidet sie sich, daran zu wachsen, ihre Muskeln durch die Besteigung des Berges zu stärken und neue Fähigkeiten im Umgang mit dem dichten Nebel zu erlernen? Wird sie in allem ihre Beziehung zu Gott vertiefen und ihren Charakter reifen lassen? Wird sie ihre Herausforderungen als Chance sehen oder es zulassen, dass sich Wurzeln der Bitterkeit in ihr festsetzen?

Wenn Julina die Einstellung pflegt, dass sie an ihren Schwierigkeiten reifen und wachsen kann, wird sie nach einiger Zeit auf dem Gipfel des Berges ankommen und erkennen, dass sie stärker und widerstandsfähiger geworden ist. Sie wird erkennen, dass sie neue Strategien zur Bewältigung von Herausforderungen erlernt hat.

Wer möchte nicht gerne mental stark und widerstandsfähig Krisen gegenübertreten? Der Weg zu einem starken Selbst- und Gottvertrauen liegt in Herausforderungen, die es mit Gottes Hilfe zu überwinden gilt.

*Liebe Brüder, wenn in schwierigen Situationen euer Glaube geprüft wird, dann freut euch darüber. Denn wenn ihr euch darin bewährt, wächst eure Geduld. Und durch die Geduld werdet ihr bis zum Ende durchhalten, denn dann wird euer Glaube zur vollen Reife gelangen und vollkommen sein und nichts wird euch fehlen.* Jakobus 1,2-4

Die Konfrontation mit Belastungen macht belastbarer. Wir reifen und unser Charakter entwickelt sich. Wenn die Schwierigkeiten zunehmen, kommen tiefe Themen des Herzens zum Vorschein. Alte Verletzungen können hochkommen und Ängste nehmen zu. Das ist eine Gelegenheit, unsere innersten Gedanken und Ängste ans Licht und vor Gott zu bringen. Herausforderungen sind wie Juwelen, die uns in Dreck verpackt vor unsere Haustür geliefert werden. Um ihren Wert zu erkennen und zu ihrer wahren Schönheit vorzudringen, müssen wir uns mit dem Dreck befassen.

*Wir haben es in der Hand, ob wir das Handtuch werfen oder aus der Krise lernen wollen. Wir entscheiden, ob wir aufgeben, oder ob wir im Vertrauen auf den lebendigen Gott neue Lösungsmöglichkeiten anpeilen.*[3] Reinhold Ruthe

Wenn wir mit Schwierigkeiten konfrontiert werden, tendieren viele von uns dazu, uns um uns selbst zu drehen. Es ist einer der mutigsten Schritte und ein Ausdruck der Liebe Christi, wenn wir uns trotz allem anderen zuwenden und ihnen in ihren Nöten helfen können.

Ein Vorbild dafür ist Marie. Ihr Ehemann hat sie und ihre vier kleinen Kinder verlassen. Obwohl Marie selbst große Mühe hatte, den Kopf über Wasser zu halten, nahm sie sich Zeit, um für mich zu beten. Ich war beeindruckt von diesem Zeugnis der Nachfolge. Sie besaß die Fähigkeit, trotz großem Schmerz und eigenen Problemen ihren Blick nach außen zu richten und anderen zu helfen.

Gott ist nicht der Urheber des Bösen. Wenn wir aber Schwierigkeiten mit einer lernbereiten Offenheit angehen, begegnet uns Gott und hilft uns in unserem Schmerz, sodass Gutes hervorkommen kann. In jeder Situation, in der wir uns befinden, kann er uns formen, damit wir seinem Sohn ähnlicher werden.

*Denn alles ist mir möglich durch Christus, der mir die Kraft gibt, die ich brauche.* Philipper 4,13

## Gebet:

*Vater, du siehst die Schwierigkeiten, mit denen ich konfrontiert werde. Bitte begegne mir inmitten von meinen Problemen und hilf mir. Arbeite an meinem Herzen, damit ich reifer und dir ähnlicher werde. In Jesu Namen, Amen.*

## Frage zum Nachdenken:

Wie kannst du an deinen Schwierigkeiten wachsen und reifen?

# Gott wirkt immer. Und zwar hinter den Kulissen

Manche Tage oder Wochen in meinem Leben verlaufen ruhig, ohne große Veränderungen und Aufregungen. In anderen Zeitphasen bewegt sich viel: Türen öffnen oder schließen sich plötzlich, falsche Vorstellungen in meinem Denken werden aufgedeckt und neue Beziehungen formen sich. Das Wirken Gottes in meinem Leben erinnert mich an das Wechselspiel in der Natur. Die Jahreszeiten wechseln einander ab und so erleben auch wir in unserem Glaubensleben verschiedene Zeitabschnitte.

Befinden wir uns gerade in einer Sommerzeit, in der alles rund läuft? Es ist die Zeit der Fülle und Leichtigkeit.

Oder befinden wir uns im Winter, wobei wir von viel Dunkelheit und Schwerem umgeben sind? Eine Winterzeit im geistlichen Leben kann aber auch eine Phase der Ruhe und Vorbereitung auf etwas Neues sein.

Es gibt auch Zeiten der Veränderung oder des Neuanfangs, die mit dem Frühling verglichen werden können. Neue Saat wird ausgestreut und Möglichkeiten tun sich auf. Im Herbst ist es Zeit zu ernten und zu reflektieren.

Manchmal scheint es so, als ob eine Zeitperiode scheinbar kein Ende nimmt. Was ich am meisten daran mag, in einem Land mit mehreren Jahreszeiten zu leben, ist, den Wechsel der einzelnen Jahreszeiten in der Natur zu beobachten. Auch wenn der Winter lange dauert, die Kälte durchdringend ist und die dunklen Stunden scheinbar kein Ende nehmen, wird der Frühling ganz bestimmt kommen. So wie es jetzt in unserem Leben ist, wird es nicht immer sein. Es gibt aber auch Zeiten des Wartens oder Wüstenzeiten, Zeiten des Einreißens und Zeiten zum Aufbauen, wie es in Prediger 3 beschrieben wird.

Es scheint so, als ob Gott zu manchen Zeiten mehr wirkt als zu anderen. Jedoch steht fest, dass Gott immer am Werk in unserem Leben ist, selbst wenn wir es oft nicht erkennen können (Johannes 5,17). Auch im Winter lässt Gott die Sonne aufgehen und er führt den Wechsel zum Frühling herbei. Wenn Gott aufhören würde zu wirken, wäre das so, wie wenn jemand in einem Raum das Licht ausgeschaltet hätte. Alles steht still und ist dunkel. Aber Gott hat die Welt nicht erschaffen, um sie danach sich selbst zu überlassen, sondern er ist mittendrin, wirkt und schafft Neues.

Es kann sein, dass Gott uns von falschen Denkmustern befreit, erfüllende Beziehungen in unser Leben führen möchte sowie neue Möglichkeiten im Hintergrund für uns vorbereitet. Manchmal geschieht es dann, dass plötzlich eine unerwartete und positive Änderung in unserem Leben eintritt, von der wir erkennen, dass Gott sie schon lange im Hintergrund vorbereitet hat, weil viele verschiedene Dimensionen zusammenkommen.

Und damit sind wir bei einem weiteren Zeitkonzept in der Bibel angelangt. Solche Momente werden nämlich *Kairos* genannt.

Das griechische Neue Testament (das Alte Testament wurde ursprünglich auf Griechisch und Hebräisch und das Neue Testament auf Griechisch verfasst) kennt unterschiedliche Konzepte von Zeit, wofür zwei verschiedene Begriffe verwendet werden:

*Chronos* bezieht sich auf die Uhrzeit, Kalenderzeit oder einen Zeitabschnitt, *Kairos* bezieht sich auf den rechten Zeitpunkt, die bestimmte und festgesetzte Zeit, die günstige Zeit oder auch Endzeit.

Während *Chronos* die Minuten und Stunden zählt, sind bei *Kairos* die Momente entscheidend.

Für unsere heutige westliche Welt ist das Konzept von *Kairos* fremd, da wir vor allem im *Chronos* leben. Wir fragen „Wann ist etwas geschehen?“ oder „wird etwas geschehen?“

Bei *Kairos* geht es darum zu erkennen, für was die Zeit jetzt ist. Was ist jetzt dran? In was für einer Season befinden wir uns? Es hat mit Weisheit zu tun, den rechten Moment für Entscheidungen und Handlungen zu finden.

*Kairos* lässt sich mit einem frisch verliebten Paar vergleichen, das an einem Flussufer sitzt und den besonderen Moment genießt, während *Chronos* der beständig fließende Fluss selbst ist.

Schön zu erleben sind sogenannte *Kairos*-Momente. Dabei handelt es sich um einen Zeitpunkt, zu dem Gott eingreift und etwas wendet, möglich macht oder ähnliches. Biblische Beispiele dafür sind die Geburt von Isaak, die Errettung des Volkes Israel aus der Sklaverei, die Geburt von Jesus, Pfingsten oder die Bekehrung von Paulus.

Dabei hat Gott aber schon immer gewirkt und darauf hin gearbeitet, dass zur rechten Zeit die Fäden, die er schon vorbereitet hatte, gezogen werden und sich in unserem Leben verwirklichen. *Kairos*-Momente haben oft mit dem Willen und Handeln Gottes zu tun und schenken uns einen kurzen Einblick in das Wirken Gottes in unserem Leben und der Welt.

Ein *Kairos*-Moment ist vergleichbar mit einem Blitz. Viele Faktoren müssen zusammentreffen, damit das Schauspiel in der Natur stattfinden kann und für einen kurzen Moment alles erhellt. *Chronos* hingegen ist wie die Sonne, die stetig Licht spendet.

Zu erkennen, in welchem Zeitabschnitt wir uns in unserem Leben gerade befinden, hilft uns, besser auf Gott zu vertrauen. Anstatt zu fragen, wie lange eine Situation noch andauert und wie wir daraus herauskommen können, dürfen wir fragen, für was die Zeit gerade gut ist (*Kairos*). In welcher Jahreszeit befinden wir uns gerade im Glauben und was sollen wir jetzt tun? Wie wirkt Gott gerade in unserem Leben?

### Gebet:

*Vater, ich erkenne, dass du immer wirkst. Auch wenn ich es gerade nicht sehe oder erkenne, arbeitest du im Hintergrund. Hilf mir zu erkennen, in was für einem Zeitabschnitt ich mich gerade befinde und hilf mir, diese Zeit zu akzeptieren und weise zu nutzen. Zeig mir, was in dieser Season meine Aufgaben sind und wie ich dir die Ehre geben kann.*
*In Jesu Namen, Amen.*

### Frage zum Nachdenken:

Wie würdest du deine jetzige Zeitperiode in deinem Leben beschreiben?

# Gott zu vertrauen bedeutet nicht, den Kopf auszuschalten

Wie es in der gefährlichsten Stadt der Welt aussieht, weiß ich nur von Youtube. Meine Freundin Sofia ist aber in Caracas aufgewachsen. Für sie ist es ganz normal, dass man ohne Handy und Schmuck aus dem Haus geht. Jegliche wertvollen Gegenstände würden einem nämlich sofort von Dieben auf der offenen Straße weggerissen werden. Sofia ist eine Frau, die ein tiefes Gottvertrauen hat. Für sie ist es völlig normal, mit kindlichem Vertrauen auf Gott zu leben. Sie ist der Meinung, dass Menschen in unseren europäischen Kulturen vieles zu sehr hinterfragen und Gott zu kritisch sehen.

*Vertraue von ganzem Herzen auf den Herrn und verlass dich nicht auf deinen Verstand. Denke an ihn, was immer du tust, dann wird er dir den richtigen Weg zeigen.* Sprüche 3,5-6

Der Verstand sagt, dass es nicht möglich ist, dass sich das Meer teilt. Es ist nicht möglich, dass ein Junge mit einer Steinschleuder einen Riesen besiegt. Der Verstand sagt, dass wir mehr Geld brauchen, um etwas auf die Beine stellen zu können oder die richtigen Beziehungen benötigen, damit sich beruflich Türen öffnen.

Doch der Mensch ist mehr als bloß der Verstand. Der gesamte innere Mensch soll sich auf Gott ausrichten. Das hebräische Wort „Herz" im Alten Testament lautet *leb* oder modern *lev* ausgesprochen. Dieser Begriff steht für das Innere eines Menschen und bezieht sich auf den Willen, das Denken, das Bewusstsein, die Emotionen und den Verstand. Es steht auch für die Moral einer Person, ihren Charakter und ist das Zentrum der Entscheidungsfindung. Zudem ist das Herz auch der Ort, wo Wissen, Gedächtnis und Überlegungen zusammenkommen.

Der Begriff Herz bezeichnet also das gesamte Innenleben eines Menschen. Das schließt den Verstand mit ein. Die Bibel sagt nicht, dass wir unseren Kopf ausschalten sollen, wenn wir auf Gott vertrauen.

Es heißt ja „DENKE AN IHN, was auch immer du tust". Genau dort sollen wir unseren Verstand einsetzen. Die Bibel fordert uns nämlich an unzähligen Stellen auf, weise zu sein.

Fleiß und harte Arbeit werden hochgeachtet (Sprüche 13,4) und gute Planung ist wichtig (Sprüche 21,5). Es hat mit weiser Voraussicht zu tun, wenn wir sparen und somit Vorräte ansammeln (Sprüche 6,6-11).

Die tüchtige Frau in Sprüche 31 fürchtet die Zukunft nicht, weil sie weise ist. Sie arbeitet hart und ist vorbereitet. In ihrem Haus gibt es genügend zu essen und sie tut ihr Möglichstes, um Geld zu verdienen, indem sie sogar unternehmerisch aktiv ist. Ihre ganze Familie hat genügend Kleidung und ist somit gut auf den Winter vorbereitet. Da sie voller Gottvertrauen und Weisheit ist, kann sie sogar Lachen im Hinblick auf die Zukunft. Sie ist nicht im Geringsten beängstigt von dem, was kommen mag. Sie weiß, wem sie vertraut und sie hat ihre Fähigkeiten und Kräfte ausgeschöpft, um sicherzustellen, dass es ihr und ihrer Familie gut geht und auch in Zukunft gut gehen wird. Als hart arbeitende und verantwortungsbewusste Person, ist ihr Leben von Gottes Weisungen und Vertrauen in ihn geprägt.

Wenn wir weise leben, wie die Frau in Sprüche 31, tun wir unser Mögliches, um mit unserem Besitz und unseren Gaben gut zu wirtschaften. Die Weisheit fordert uns dazu auf, Gott zu gehorchen und das zu tun, was in unserem Verantwortungsbereich liegt. Gott wird den Rest machen, das, was für unseren Verstand nicht immer logisch erscheint. Er ist es, der das Meer geteilt hat und er hat Goliath besiegt. Unsere Aufgabe ist es, ihm bis zum Meer zu folgen, so wie die Israeliten, und treu die Schafe zu hüten und mutig den Riesen zu konfrontieren, so wie David.

Im Anschluss an die berühmten Bibelverse, die besagen, dass wir Gott und nicht unserem Verstand vertrauen sollen, folgt die Zusammenfassung der vorherigen Aussage:

*Bilde dir nichts auf deine Weisheit ein, sondern fürchte den Herrn und meide das Böse.* Sprüche 3,7

Ein Mensch, der sich auf Gott verlässt, gehorcht ihm. Er lebt nach göttlichen Maßstäben und nicht nach menschlichen.

Der darauffolgende Bibelvers zeigt, dass, wenn man Gottes Willen folgt, man sogar noch belohnt wird:

*Das macht dein Leben gesund und du bekommst neue Kraft.* Sprüche 3,8

Wir sollen uns davor hüten, vorschnelle Schlüsse zu ziehen und uns nur auf unser eigenes Denken und unsere eigenen Schlussfolgerungen zu verlassen. Denn Gott steht über unserem Verstand (Jesaja 55,8-9).

Wir können uns getrost auf Gottes Kraft, seine Macht und Versorgung verlassen. Wir tun unser Bestes, folgen täglich seinen Weisungen und wissen gleichzeitig, dass wir seine Gunst und seine Hilfe benötigen. Gott arbeitet mit uns Hand in Hand, wobei wir unser Mögliches tun und Gott seinen Teil tut.

### Gebet:

*Vater, bitte gib mir einen kindlichen Glauben. Ein Vertrauen in dich, das mich durch alles hindurch tragen kann. Hilf mir, mich mehr nach deiner Weisheit zu richten als nach meiner.*
*In Jesu Namen, Amen.*

### Frage zum Nachdenken:

Gibt es einen Bereich in deinem Leben, in dem du dich mehr auf menschliche Weisheit als auf Gottes Weisheit stützt?

# Ich bat um wenig, Gott gab mir viel

An einem kalten und verregneten Herbstabend, als ich mir nach einem Treffen mit meiner Kleingruppe einen Weg durch die geschäftige Stadt bahnte, schüttete ich Gott mein Herz aus. Als hätte ich mein Herzensanliegen nicht schon hunderte Male vor Gott gebracht, betete ich an diesem trüben Abend noch einmal mit Ernsthaftigkeit und Dringlichkeit: „Vater, du kennst meine Wünsche nach Freundschaften und einer Liebesbeziehung. Ich brauche nicht viel. Nur ein bis zwei liebe Freundinnen und einen Mann, mit dem ich mein Leben verbringen kann. Ich möchte mich einfach in einer Hand voll Beziehungen mit gläubigen Menschen aufgehoben fühlen." Mit der Entscheidung, Jesus nachzufolgen, veränderte sich alles. Mein Herz, meine Gedanken und Gefühle begannen sich mehr und mehr auf Gott auszurichten. Ich realisierte, dass ich mich von meinen alten Lebensgewohnheiten und meinem bisherigen Freundeskreis verabschieden musste, wenn ich mein Leben ganz Gott hingeben wollte.

Zeitgleich begann ich eine christliche Gemeinde zu besuchen. Ich war überzeugt davon, dass ich schnell Anschluss finden und neue Freundschaften aufbauen würde. Nachdem ich aber über zwei Jahre lang in der Kirche diente und Teil eines Hauskreises war, gelang es mir nicht, Bekanntschaften in Freundschaften zu verwandeln.

Spätestens, wenn man realisiert, dass einem nur die Familie zum Geburtstag gratuliert, weiß man, dass man keine Freunde hat.

Selbstzweifel schlichen sich ein: „Wieso möchte niemand mit mir tiefer befreundet sein? Was ist falsch an mir?" Ich fühlte mich von Gott vergessen und verstand nicht, weshalb er mir nicht auch nur eine Freundin schenken konnte.

Schon seit längerer Zeit fühlte ich mich alleine in meinem Glaubensleben, ja in meinem Leben generell. Meine Eltern waren und sind wunderbar, jedoch ersetzten sie keine Freundschaften mit gleichaltrigen Menschen. Es schien so, als ob meine Bekanntschaften rechts und links von mir in einem Freundeskreis eingebunden waren, während andere verlobt und auf dem Weg in die Ehe waren.

Meine Gefühle der Einsamkeit trieben mich ins Gebet, zum Lesen der Bibel , christlicher Bücher und zum Hören von Predigten. Meine gesamte Sehnsucht nach Beziehungen legte ich Gott hin. In dieser Zeit war er mein Mann, mein Freundeskreis, mein Gesprächspartner, mein Tröster und Ermutiger. Er füllte jede erdenkliche Rolle für mich aus, erfüllte mich. Ich wurde auf eine gute Art und Weise voll von Gottes Gegenwart.

Einsamkeit kann viele Formen annehmen. Sogar in einem großen Freundeskreis kann man sich einsam fühlen. Gott möchte den Gefühlen der Einsamkeit mit uns begegnen.

Ich verbrachte unzählige Stunden mit Gott und sah damals noch nicht, wie sehr Gottes Wirken in diesen einsamen Stunden die Basis für meine Zukunft legen würde. Das wichtigste und stärkste Fundament meines Lebens ist meine Beziehung zu Gott. Sie ist da, wenn alles andere zusammenfällt. Gott ist es, an den ich mich festklammere und von dem ich alles erhoffe. In diesen Jahren, als ich alleine unterwegs war, wusste ich noch nicht, wie wichtig und prägend diese schmerzhafte Zeit für mein Leben war.

Wenn ich damals, in meinen ersten Jahren als gläubige Christin, sofort gute Freundinnen gefunden hätte, wäre meine Beziehung zu Gott nicht so stark gereift. Ich bin absolut der Überzeugung, dass christliche Gemeinschaft fundamental wichtig für unser Glaubensleben und auch für unser geistliches Wachstum ist.

Jedoch habe ich eine Tiefe in meiner Beziehung zu Gott erlebt, die ich auf anderem Wege nicht hätte erfahren können, außer auf dem schmerzhaften Weg der Einsamkeit.

Nach zwei Jahren lernte ich einzelne Freundinnen kennen, die eine gewisse Zeit mit mir unterwegs waren und dann trennten sich unsere Wege auf natürliche Art und Weise wieder. Im selben Zeitraum lernte ich meinen heutigen Mann kennen, dessen Herz für Gott schlägt. Es dauerte, bis Gott mir Frauen ins Leben stellte, die auch wirklich über Jahre hinweg bleiben würden. Und er hörte nicht auf damit. Ich betete um eine Handvoll Beziehungen, doch Gott gab und gibt immer mehr wertvolle Frauen dazu.

*Jesus erwiderte: „Ich versichere euch: Jeder, der Haus oder Brüder oder Schwestern oder Mutter oder Vater oder Kinder oder Besitz um meinetwillen und um der guten Botschaft willen aufgegeben hat, wird jetzt, in dieser Zeit, alles hundertfach zurückerhalten: Häuser, Brüder, Schwestern, Mütter, Kinder und Besitz – wenn auch mitten unter Verfolgungen. Und in der künftigen Welt wird er das ewige Leben haben.* Markus 10,29-30

Gott erwartet von uns, dass wir ihm alles hinlegen. Er fordert viel von uns, aber er lässt uns nicht hängen. Diese Verheißung von Jesus beginnt schon hier in diesem Leben. Was wir um seinetwillen aufgeben, erhalten wir mehrfach zurück. Im Griechischen wird betont, dass wir „zur rechten Zeit" alles hundertfach zurückerhalten. Also zu der Zeit, die Gott bestimmt hat. Deshalb müssen wir Geduld haben und auf Gottes Führung vertrauen, im Großen sowie im Kleinen.

Heute bin ich gesegnet. Nicht nur mit einem wunderbaren Ehemann, Kindern, erfüllenden Freundschaften, sondern auch mit einer lebendigen Beziehung zu Gott; der wichtigsten aller Beziehungen. Meine Gebete nach Beziehungen hat Gott auf vielfältige und größere Art und Weise erhört, als ich es mir erhofft hatte.

## Gebet:

*Vater, du siehst, worum ich bitte. Du siehst die Situation, in der ich mich gerade befinde und das Anliegen, das ich vor dich bringe. Bitte greife ein und schenk mir zur rechten Zeit das, was ich für dich aufgegeben habe. Gib mir Kraft in der Zeit des Wartens und Hoffens.*
*In Jesu Namen, Amen.*

## Frage zum Nachdenken:

Gibt es etwas in deinem Leben, das du für Jesus niederlegen solltest?

# Kontrolle oder Loslassen?

Viele Christen geben zu, dass sie gerne die Kontrolle behalten. Sie haben Mühe, Gott die Kontrolle abzugeben.

Aber was bedeutet es überhaupt, die Kontrolle loszulassen? Lange Zeit hatte ich Mühe mit meinem persönlichen Bedürfnis nach Kontrolle. Ich sah es als etwas Schlechtes, dass ich mir in meinem Leben ein gewisses Maß an Kontrolle wünschte. Eine liebe Mentorin im Glauben machte mich darauf aufmerksam, dass Kontrolle etwas Gutes und Wichtiges sei. Wir möchten, dass ein Pilot die Kontrolle über das Flugzeug behält, in dem wir uns gerade befinden. Und wenn wir auf einem Operationstisch liegen, haben wir ein großes Interesse daran, dass der Chirurg die Kontrolle über den Eingriff behält.

Wo sind wir selbst Piloten und Chirurgen in unserem Leben? In unserer Rolle als Eheleute, Eltern, Freunde und Bürger wird von uns auch ein gewisses Maß an Selbstkontrolle gefordert. Unser Umfeld ist froh darüber, wenn wir mit unseren Emotionen umgehen können und nicht wutentbrannt unsere Liebsten anschreien. In unserem Beruf wird erwartet, dass wir den Überblick über unseren Verantwortungsbereich behalten und unsere Aufgaben und Zuständigkeiten unter Kontrolle haben.

Kontrolle zu haben hat viel mit Verantwortung zu tun. Es ist etwas Gutes, weil Kontrolle uns und unser Umfeld vor viel Leid und Chaos bewahrt.

Die Frage ist, ab wann Kontrolle zu viel ist und wir uns sogar selbst schaden können. Die meisten würden mir zustimmen, dass wir keinen Einfluss auf das Wetter sowie einige Unfälle und Krankheiten haben. Wir können noch so viele Vorkehrungen treffen, Sport treiben, uns gesund ernähren und vorsichtig durchs Leben gehen und werden doch vor vielem nicht verschont. Unsere zukünftige berufliche Laufbahn können wir beeinflussen, indem wir Wert auf eine gute Ausbildung legen, viel Erfahrung sammeln und Beziehungen knüpfen. Jedoch müssen unzählige Faktoren übereinstimmen, damit unsere Karriere so verläuft, wie wir uns das vorstellen (was meistens nicht der Fall ist). Kontrolle hat ihre Grenzen.

Es ist wichtig zu erkennen, welches Maß an Kontrolle in unserem persönlichen Leben sinnvoll und wichtig ist. Dies beinhaltet die Verantwortung für uns selbst, unsere Interaktionen mit anderen Menschen sowie unseren Lebensweg aktiv zu gehen. Gleichzeitig sollten wir akzeptieren, dass viele Aspekte außerhalb unseres Einflusses liegen. Das sind die Momente, in denen wir erfahren dürfen, dass Gott uns nicht nur ein gewisses Maß an Kontrolle über unser Leben zugesteht, sondern dass er alles in seinen Händen hält.

Die Israeliten lernten die Kontrolle abzugeben, als Gott sie aus Ägypten führte. Sie mussten sich ganz auf ihn verlassen:

Die Israeliten wussten nicht, wie sie vor den Ägyptern fliehen konnten, aber Gott teilte das Meer.

Die Israeliten wussten nicht, wohin sie gehen sollten, aber Gott führte sie mithilfe der Wolkensäule.

Die Israeliten wussten nicht, was sie essen sollten, aber Gott ließ Manna vom Himmel fallen.

Gott möchte in einer Beziehung zu uns leben. Er macht seinen Teil, während wir unseren Teil tun sollen:

Die Israeliten durften durch das geteilte Meer gehen, um den Ägyptern zu entkommen.

Die Israeliten durften der Wolkensäule folgen.

Die Israeliten durften jeden Tag neu Manna aufsammeln und essen.

Sie reagierten auf Gottes Einladungen und gehorchten ihm. Täglich dürfen wir aufstehen und unseren Teil tun, während Gott das große Ganze im Blick hat und uns führt. Er wird das Meer teilen, uns vorangehen, uns führen und uns versorgen.

Gott wird für das sorgen, was sich außerhalb von unserer Kontrolle befindet.

Interessanterweise waren die Israeliten nicht das beste Vorbild darin, die Kontrolle abzugeben. Sie beschwerten sich und hatten Angst. Sie versuchten Manna aufzubewahren, obwohl Gott ihnen aufgetragen hatte, nur genug für den einzelnen Tag zu sammeln (2. Mose 16,4). Die Kontrolle über unser Leben zu haben und gleichzeitig anzuerkennen, wann wir Kontrolle loslassen sollten, gleicht einem Kampf. Israels Geschichte ist ein Zeugnis von Gottes Treue zu seinem Volk, trotz der menschlichen Tendenz, nicht immer vollkommen auf ihn zu vertrauen.

Manchmal durchkreuzt Gott auch in unserem Leben unsere Pläne und fordert von uns einen Schritt, bei dem wir einiges an Kontrolle einbüßen müssen. Stell dir vor, Gott fordert dich auf, heute dein Zuhause zu verlassen und an einen Ort zu gehen, an dem die Kriminalitätsrate durch die Decke geht. Und genau dort sollst du auf der Straße lauthals das Evangelium verkünden. Vor so einer Aufgabe stand Jona. Gott wollte die Bewohner von Ninive warnen, dass er Gericht über diesen Ort halten würde. Und Jona sollte diese Botschaft überbringen. Es ist kein Wunder, dass er kein großes Interesse daran hatte, die Kontrolle über sein Leben abzugeben!

Deshalb machte er sich auch auf den Weg zum Hafen. Doch er hatte nicht vor, nach Ninive zu segeln, wohin Gott ihn berufen hatte, sondern er nahm ein Schiff nach Tarsis, im Bemühen, selbst die Kontrolle zu behalten. Jona weigerte sich, Gott zu gehorchen. Durch Umwege ließ er sich schlussendlich wohl oder übel auf Gottes Plan ein und forderte die Bewohner von Ninive zur Umkehr auf, worauf dieses heidnische Volk überraschend positiv reagierte.

Interessanterweise ist Jona an dieser Erfahrung gewachsen. Er machte eine erstaunliche Gotteserfahrung, in der er Gottes Gnade und Barmherzigkeit in ganz neuem Licht erkannte; nämlich größer und umfassender, als er es sich bisher vorgestellt hatte.

## Gebet:

*Vater, danke, dass du mir dabei hilfst, meine Verantwortung für mein eigenes Leben wahrzunehmen. Hilf mir dabei zu erkennen, welche Form von Kontrolle gut ist und wo ich lernen muss, loszulassen.*
*In Jesu Namen, Amen.*

## Frage zum Nachdenken:

In welchen Bereichen in deinem Leben ist es gut, die Kontrolle zu bewahren? Und wo kannst du lernen, loszulassen?

# Leben in Fülle

*Der Dieb kommt nur, um zu stehlen, zu schlachten und zu vernichten. Ich bin gekommen, damit sie das Leben in Fülle haben.* Johannes 10,10 (ZB)

Sei es in Filmen oder den sozialen Medien: wir werden täglich mit Bildern konfrontiert, die uns zeigen, wie ein glückliches Leben auszusehen hat. Ein typisch westliches Traumleben beinhaltet zum Beispiel eine Familie mit zwei Kindern, einem Haus, vielen Ferien und einem Haustier. Manche Christen sind zu so einem Leben berufen, weil Gott genau dort durch sie wirken möchte.

Jedoch sind viele Gläubige auch zu einem ganz anderen Leben berufen. Einige sind dazu berufen, in Gemeinschaft mit anderen zu leben, an einen fernen Ort zu ziehen und dort das Evangelium zu verkünden, täglich viel Zeit im Gebet zu verbringen oder zu einem ganz anderen Lebensstil.

Eine Liebesbeziehung führen, viel Geld besitzen und ausgeben, reisen und beruflich Großes erreichen, bedeutet das für dich ein Leben in Fülle?

Die Jünger, die mit Jesus unterwegs waren, hatten kein erfolgreiches Leben im weltlichen Sinne. Sie waren nicht reich, sondern gaben alles auf, sogar ihr eigenes Leben. Und doch hatten sie ein Leben in Fülle. Was für eine große Freude muss in einem Menschen wohnen, der sich sogar daran freuen kann, für Jesus zu leiden (Apostelgeschichte 5,40)? Die Jünger lebten in einer Fülle, wie nur Gott sie geben kann.

Der griechische Begriff für „Fülle" lässt sich mit „übermäßig", „überflüssig" oder „außergewöhnlich" übersetzen.

Ein Leben in Fülle ist geprägt von Liebe, Freude, Erfüllung und Zufriedenheit. Die Welt sagt uns, dass man diese Dinge durch Geld, Anerkennung, Beziehungen und ähnliches bekommen kann. Die Bibel aber sagt, dass das nicht der Weg zu einem erfüllten Leben ist. Wahre Freude, tiefer Frieden und Zufriedenheit gibt es nur bei der Quelle aller Liebe und allen Lebens selbst – bei Gott.

Ein Leben in Fülle bedeutet auch, frei zu sein von der Meinung anderer Menschen. Man hat weniger Angst, sondern schaut hoffnungsvoll in die Welt und in die Zukunft.

Deshalb kann man auch großzügig sein und Zufriedenheit im Alltag finden. Denn man weiß, dass man bis in alle Ewigkeit fest in Gottes liebender Hand ist. Das Leben in der Gnade, Liebe und Hoffnung auf die Auferstehung befreit uns in jeder Hinsicht.

Hier vor Ort können wir schon ein reiches Leben führen, weil Jesus unser Tor zum Leben ist. Durch ihn können wir jetzt schon die Fülle des Lebens erfahren und werden sie in der Ewigkeit komplett erhalten. Jesus ist der gute Hirte. Mit ihm kommt die Fülle, wie auch buchstäblich die Speisung der Fünftausend zeigt oder die Tatsache, dass er Wasser in Wein verwandeln kann.

Vor rund 300 Jahren, im Alter von 18 Jahren, hielt Jonathan Edwards, eine wichtige Persönlichkeit der damaligen Erweckungsbewegungen in Nordamerika, seine erste Predigt. Er listete drei Gründe auf, weshalb wir als Christen glücklich sein sollten:

1. Gott wird aus unseren Leiden etwas Gutes entstehen lassen.
2. Das Gute, das Gott uns jetzt schon gibt, kann uns niemand wegnehmen: Gottes Gegenwart, unsere Zugehörigkeit zu ihm und die Vergebung unserer Sünden.
3. Keine Schwierigkeiten in dieser Welt können uns unsere Gerechtigkeit vor Gott und seine Liebe nehmen. Die Hoffnung auf unsere Ewigkeit bei Gott und die große Freude, die wir dort erfahren werden.[4]

Wenn wir an ein Leben im Überfluss denken, klammern wir Probleme, Schwierigkeiten, Krankheit und Trauer normalerweise aus. Aber Gott wird immer mit uns sein und das Beste liegt noch vor uns. Sogar wenn wir mit dem Tod konfrontiert werden, haben wir die Aussicht auf ewiges Leben.

Elisabeth Elliot lebte ein eindrückliches Leben. Sie und ihr Mann Jim Elliot gingen als Missionare nach Ecuador, um dort einheimischen Stämmen das Evangelium zu verkünden.

Tragischerweise wurde Jim mit noch nicht einmal 30 Jahren von Kriegern aus einem Stamm ermordet. Wenige Jahre zuvor schrieb er folgendes Gebet in sein Tagebuch:

*Gott, ich bitte dich, entfache diese nutzlosen Stücke in meinem Leben und möge ich für dich brennen. Nimm mein Leben, mein Gott, denn es gehört dir. Ich strebe nicht nach einem langen Leben, sondern einem in Fülle, wie du, Herr Jesus.*

Ein Leben in Fülle muss kein langes Leben sein. Als Christen müssen wir unser Leben hier auf der Erde nicht vollständig auskosten und möglichst alles erleben, was es so zu erleben gibt. Wir müssen auch keinen materiellen Wohlstand erreichen, weil wir wissen, dass das Beste noch vor uns liegt.

*Erfüllung ist kein Ziel, das man anstreben könnte, sondern immer ein Nebenprodukt des Opfers.* Elisabeth Elliot

Erfüllung findet man in der Hingabe. Das Nebenprodukt des Opfers selbst, Jesus Christus, ist unsere Erfüllung. Elisabeth selbst ging Jahre später zu genau diesem Stamm zurück, der ihren Mann ermordet hatte und missionierte unter ihnen. Viele fanden zum Glauben.

Das Leben in Fülle findet man, indem man sein eigenes Leben Gott hingibt.

*Wer versucht, sein Leben zu behalten, wird es verlieren. Doch wer sein Leben für mich aufgibt, wird das wahre Leben finden.* Matthäus 16,25

## Gebet:

*Vater, du schenkst mir ein Leben in Fülle. Danke, dass du deinen Sohn geschickt hast, damit ich auf dieser Welt schon einen Teil dieser Fülle erleben darf. Bitte zeig mir, wie ich in meinem Leben ganz in diese Fülle eintreten kann und was mich daran hindert, darin zu leben.*
*In Jesu Namen, Amen.*

## Frage zum Nachdenken:

Was denkst du, wie ein Leben in Fülle für dich konkret aussieht?

# Von guten Früchten

Stell dir einen Apfelbaum vor, dessen grün leuchtende Blätter schon von weitem strahlen. Zahlreiche wunderschöne Äpfel in kräftigem Rot und zartem Gelb schmücken den majestätisch aussehenden Baum. Die glatte Oberfläche der Frucht verlockt zum Reinbeißen und dazu, den saftig süßen Geschmack zu erleben.

Daneben steht ein weiterer Apfelbaum, der im Vergleich zu seinem Nachbarn mickrig erscheint. Er trägt wenige, von Würmern angefressene Äpfel und einige sind schon verfault zu Boden gefallen. Seine Blätter wirken blass und hängen schlaff herab. Der Baum scheint an Vitalität verloren zu haben und trägt bei weitem nicht die Früchte, die man sich von einem Apfelbaum erhofft. Von welchem dieser beiden Bäume möchtest du lieber die Äpfel genießen?

Die Bibel spricht oft von Frucht in unserem Leben. Dabei geht es um die Auswirkungen unserer Gedanken, Worte und Taten. Wenn wir vom Heiligen Geist geleitet werden, ist unser Leben von guten Handlungen und Entscheidungen geprägt. Damit bringen wir gute Früchte hervor. Diese zeigen sich vorwiegend in Charaktereigenschaften wie Freude, Friede, Geduld und weiteren (Galater 5,22-23). Sie können aber auch im Aufblühen von konkreten Lebensbereichen wie Freundschaften, Familienleben oder im Berufsleben sichtbar werden. Unser Glaube und unsere Beziehung zu Gott sollten sich in unserem Handeln zeigen.

Aus uns selbst heraus können wir aber keine gute Frucht hervorbringen, sondern nur, wenn wir mit Jesus Christus verbunden bleiben (Johannes 15,4-5). Wenn wir unseren Fokus auf Gott richten, ihn beständig in der Stille suchen und uns von ihm verändern lassen, ist der Nährboden, aus dem gute Frucht entstehen kann, gelegt.

Dabei liegt das Augenmerk auf der inneren Ausrichtung eines Menschen. Jesus erklärt, dass man das Innere eines Menschen anhand von seinen äußeren Früchten erkennt (Matthäus 7,16-20 / 12,33-35). Was in unseren Herzen vor sich geht, entscheidet darüber, wie wir denken, handeln und wohin sich folglich unser Leben bewegt.

*Glücklich ist der Mensch, der nicht auf den Rat der Gottlosen hört, der sich am Leben der Sünder kein Beispiel nimmt und sich nicht mit Spöttern abgibt. Voller Freude tut er den Willen des Herrn und denkt über sein Gesetz Tag und Nacht nach. Er ist wie ein Baum, der am Flussufer wurzelt und Jahr für Jahr reiche Frucht trägt. Seine Blätter welken nicht, und alles, was er tut, gelingt ihm.* Psalm 1,1-3

Da wir im neuen Bund leben, wissen wir, dass wir nicht durch das Einhalten des Gesetzes gerettet werden können. Dennoch bringt der Gehorsam gegenüber Gottes Geboten reiche Frucht hervor. Der Psalmist beschreibt, dass jemand, der beharrlich über Gottes Weisungen meditiert, sie tief ins Herz sinken lässt und sich danach ausrichtet, beständig gute Frucht tragen und sie somit auch genießen wird.

Wir selbst wählen die Frucht in unserem Leben aus. Wir haben es in der Hand, ob wir uns nach dem Wort Gottes ausrichten oder nicht. Natürlich spielen auch andere Faktoren eine Rolle, weil wir in einer gefallenen Welt leben. Aber grundsätzlich sind die Früchte unseres Charakters ein Abbild unseres Herzens.

Gottes Gebote sind nicht dazu da, uns jede Freude vorzuenthalten, sondern uns zu segnen und unser Leben durch gute Früchte zu bereichern. Es liegt an uns, uns darauf einzulassen, ihm zu gehorchen, auch wenn wir uns nicht danach fühlen.

Wer hat nicht schon erlebt, dass sich gesunde Ernährung und regelmäßig Sport zu treiben auszahlen, wenn man sich dazu überwindet und nicht aufgibt?

Wenn wir einige beständige Schritte in Richtung Gehorsam gegangen sind und die guten Früchte in unserem Leben sichtbar werden, sind wir dazu motiviert, Gott noch weiter zu gehorchen. Und wenn wir im Gegenzug die Erfahrung machen, dass Sünde uns in Schwierigkeiten bringt, unsere Freiheit raubt und Beziehung zerstört, erleben wir, dass das nicht die Früchte sind, die wir gerne ernten möchten.

Dass sich Gehorsam auszahlt, erkennen wir auch anhand von biblischen Beispielen. Jesus hat Gott gehorcht. Rut hat Gott gehorcht. Noah hat Gott gehorcht. Es gibt unzählige Beispiele in der Bibel, in denen Gehorsam gute Früchte hervorbrachte:

Weil Jesus Gott gehorchte, sitzt er nun auf dem Ehrenplatz zur rechten Seite Gottes (Römer 8,34).

Ruts Gehorsam zeichnete sich dadurch aus, dass sie als eine Frau mit Integrität beschrieben wird (Rut 3,1). Die Früchte ihres Handelns waren von außen sichtbar, weshalb Boas, ein ehrenhafter und gottesfürchtiger Mann, sie heiratete (Rut 4,13).

Weil Noah Gottes Weisungen gemäß lebte, wurden er und seine Familie von der Flut gerettet (1. Mose 8,16).

Ihr Gehorsam brachte gute Früchte hervor und zeigte sich auch in ihrem Charakter. Der Gehorsam dieser Menschen spielte zudem noch eine Schlüsselrolle, um Gottes Willen für die Welt zu vollbringen:

Jesus hat die dunklen Mächte dieser Welt, die Sünde und den Tod besiegt, damit wir gerettet werden können.

Rut wird als Vorfahrin von Jesus aufgeführt.

Aufgrund von Noah konnte die Menschheit weiter existieren.

Wenn wir Gott gehorchen, wird sein Wille auf der Erde verwirklicht, wodurch wir selbst und viele weitere Menschen die guten Früchte genießen dürfen.

Generationen sind von unserem Gehorsam Gott gegenüber abhängig. Unsere Kinder und deren Kinder werden von unseren heutigen Entscheidungen beeinflusst. Mit Gott verbunden zu bleiben und seinem Willen zu folgen wird in unserem eigenen Leben gute Früchte hervorbringen und gleichzeitig unserem Umfeld und den größeren Plänen Gottes dienen.

## Gebet:

*Vater, du siehst, welche Frucht ich hervorbringe. Hilf mir dabei, mit dir verbunden zu bleiben, in deiner Gnade zu leben und dir zu gehorchen, damit gute Früchte in meinem Leben sichtbar werden. Verändere mein Herz und hilf mir, mein Denken deinem Wort anzupassen, weil sich meine innere Ausrichtung in äußeren Handlungen widerspiegelt.*
*In Jesu Namen, Amen.*

## Frage zum Nachdenken:

Welche Frucht kannst du in deinem eigenen Leben beobachten?

# Freude in Schwierigkeiten

*Die Apostel verließen den Hohen Rat voller Freude darüber, dass Gott sie für würdig gehalten hatte, für den Namen von Jesus zu leiden.*
Apostelgeschichte 5,41

Für den Namen von Jesus zu leiden und dabei noch Freude zu erfahren, ist eine geistliche Reife, zu der man erst mal gelangen muss. Jedoch ist es keine Seltenheit, dass Christen darüber berichten, auch im größten Schmerz Freude erfahren zu haben.

Antonio hat erlebt, wie seine Freundin ihn mit einem anderen Mann betrog, nachdem sie schon längere Zeit zusammen waren. Er war zutiefst erschüttert und verletzt. Es war die schwierigste Zeit seines Lebens. Aber in dieser Zeit hatte er dennoch gleichzeitig eine unerklärlich große und übernatürliche Freude. Es machte für ihn keinen Sinn, aber er hatte Gottes Nähe spürbar erlebt und erfuhr trotz seiner schwierigen Situation einen tiefen inneren Frieden. Das ist ein himmlischer Frieden, der den menschlichen Verstand übersteigt und frei von Umständen ist. Heute ist Antonio mit einer bildhübschen und äußerst warmherzigen Frau verheiratet. Dahinter steht eine Liebesgeschichte, wie nur Gott sie schreiben kann.

Es gibt Situationen, in denen Gott uns inmitten von Leid Freude schenkt. Das ist ein großes Geheimnis. Gleichzeitig können wir aber auch lernen, Freude zu erleben:

*Wir freuen uns auch dann, wenn uns Sorgen und Probleme bedrängen, denn wir wissen, dass wir dadurch lernen, geduldig zu werden. Geduld aber macht uns innerlich stark, und das wiederum macht uns zuversichtlich in der Hoffnung auf die Erlösung.* Römer 5,3-4

Sich freuen!? Während Sorgen und Probleme uns bedrängen!? Wie soll das denn bitte gehen?

Meistens freuen wir uns, wenn etwas Schönes passiert. Wenn wir ein Geschenk erhalten, ein lang ersehnter Urlaub bevorsteht, unser Kind die Prüfungen besteht oder eine Beförderung im Geschäft ansteht.

Normalerweise löst ein äußeres Ereignis Freude in uns aus. Wie schön diese Erlebnisse auch sind, die guten Gefühle gehen bald vorüber. Jedoch gibt es eine Freude, die nie aufhört und immer verfügbar ist, weil sie unabhängig von Umständen ist.

Im Neuen Testament fordert Paulus die Gläubigen wiederholt dazu auf, sich zu freuen. Es scheint so, als ob die Freude ein wichtiger Bestandteil im Leben eines Christen ist. Doch worin besteht diese Freude?

*Freut euch im Herrn. Ich betone es noch einmal: Freut euch*! Philipper 4,4

In Paulus Worten an die Philipper erfahren wir, dass wir uns „im Herrn" freuen sollen. Gott ist konstant, weshalb unsere Freude in ihm ewig bestehen bleiben kann. Sie ändert sich nicht, weil sie auf einem festen Fundament steht. Freude ist jetzt für uns verfügbar, indem wir uns bewusst machen, was Gott uns schon alles geschenkt hat. Eine himmlische Freude unabhängig von Umständen ist ein Geschenk Gottes.

Wir können diese Freude an Gott aber auch einüben. Wie können wir praktisch üben, uns im Herrn zu freuen?

Hier habe ich ein paar Tipps für dich, wie du praktisch einüben kannst, Freude an Gott zu kultivieren:

**1. Freude an dem, was Christus für uns getan hat.**

*Da wir nun durch den Glauben von Gott für gerecht erklärt worden sind, haben wir Frieden mit Gott durch das, was Jesus, unser Herr, für uns tat. Christus hat uns durch den Glauben ein Leben aus Gottes Gnade geschenkt, in der wir uns befinden, und wir sehen voller Freude der Herrlichkeit Gottes entgegen.* Römer 5,1-2

Wir können uns daran freuen, dass wir durch den Glauben an Christus für gerecht erklärt worden sind. Wir haben Frieden mit Gott; es steht nichts zwischen uns und ihm, weil Jesus für uns gestorben und auferstanden ist. Und die Ewigkeit wird noch besser sein, da wir vollkommen von Gottes perfekter Liebe umgeben sein werden.

**2. Freude daran, dass wir eine Beziehung zu Gott haben können.**

*So freuen wir uns nun darüber, dass wir wieder eine Beziehung zu Gott haben – weil Jesus Christus, unser Herr, uns mit Gott versöhnt hat.* Römer 5,11

Wir haben eine persönliche Beziehung zu Gott. Durch den Heiligen Geist, der in uns lebt, können wir in einer innigen und tiefen Beziehung zu Gott leben. Wir sind nie alleine, sondern erleben in allen Umständen die Unterstützung und den Trost des Heiligen Geistes.

**3. Freude an Gebetserhörungen.**

*Bis jetzt habt ihr das nicht getan. Bittet in meinem Namen, und ihr werdet empfangen, dann wird eure Freude vollkommen sein.* Johannes 16,24

Beantwortete Gebete in unserem Leben sind ein Schatz, auf den wir immer wieder zurückgreifen können, um uns daran zu freuen. Wir erleben Freude, wenn wir erkennen, wie viel Gutes Gott schon für uns getan hat.

In unserem Leben als Christen können wir nur gewinnen. Ja, sogar der Sieg ist uns gewiss. Durch Christus haben wir über die Sünde und den Tod gesiegt (1. Korinther 15,57). Paulus sagt, dass wir trotz aller Verfolgung und aller Schwierigkeiten einen überwältigenden Sieg durch Christus davontragen werden (Römer 8,37). Das ist ein weiterer Grund zur Freude:

**4. Freude im Sieg und in Gedanken an die Ewigkeit.**

*Was kann man dazu noch sagen? Wenn Gott für uns ist, wer kann da noch gegen uns sein?* Römer 8,31

Was auch geschieht, wir können in jeder Situation zuversichtlich in die Zukunft blicken, weil Gott für uns ist.

Freude ist etwas, was Gott uns während Schwierigkeiten schenken kann und wofür wir gleichzeitig auch selbst einstehen können, indem wir uns auf das besinnen, was Gott uns in Christus schon alles ermöglicht hat.

Je mehr wir uns darüber bewusst werden, was uns in Christus alles zusteht, desto mehr wird die Freude in uns wachsen. Und während wir mit Christus verbunden bleiben, wie die Reben am Weinstock (Johannes 15), seine Worte in unseren Herzen bewahren und aus seiner Kraft leben, wird er unsere bestehende Freude in ihm vollkommen machen:

*Ich sage euch das, damit meine Freude euch erfüllt. Ja, eure Freude soll vollkommen sein!* Johannes 15,11

Ein altes Kirchenlied bringt es auf den Punkt:
„In dir ist Freude in allem Leide".

## Gebet:

*Vater, bitte schenk mir deine Freude. Lass mich deine Freude erleben und hilf mir dabei, meinen Blick auf das zu richten, was du mir schon alles geschenkt hast. Mach meine Freude in dir vollkommen.*
*In Jesu Namen, Amen.*

## Frage zum Nachdenken:

Woran kannst du dich heute freuen?

# Saat und Ernte

Vor meinem Theologiestudium absolvierte ich eine Lehre zur Versicherungskauffrau. Während ein paar Monaten wurde ich von einer Ausbilderin, die ich hier Daisy nenne, schlecht behandelt. Täglich zeigte sie mir ihre Missgunst. Heute verstehe ich, dass sie eine Form von Mobbing ausübte. Sie erzählte vielen Kollegen und Kolleginnen in der Abteilung, dass sie mit mir nichts anzufangen wisse und ich die Arbeit nicht erledigen könne.

Zu dieser Zeit war ich ca. 18 Jahre alt und noch frisch im Glauben. Ich wusste nicht, wie ich mit dieser Situation umgehen sollte. Ein Gespräch mit den Vorgesetzten half leider nicht, da Daisy ihren Chefs gegenüber ein ganz anderes Gesicht zeigte. Es war eine schwierige Zeit für mich, da sie mich mit ihren Worten verletzte und ich nicht aus der Situation herauskam.

Ich war wütend, dass Gott mir nicht half. Warum änderte er meine Situation nicht? Erst nach Ablauf des Semesters wurde ich in ein neues Team mit einem neuen Ausbilder versetzt. Roger war sehr freundlich, hilfsbereit und durchschaute Daisys Spiel.

Zu dieser Zeit musste ich im Rahmen meiner Ausbildung eine Präsentation halten. Aus einem mir unerklärlichen Grund kam mein Vortrag bei den Mitgliedern der Abteilung sehr gut an. Gott nutzte diese Situation, um meinen Ruf wiederherzustellen.

*Sag nicht: „Dieses Unrecht werde ich heimzahlen." Warte, bis der Herr die Sache in die Hand nimmt.* Sprüche 20,22

Gott sieht, was vor sich geht. Er kennt die dunkelsten Geheimnisse und die tiefsten Wünsche und Gedanken aller Menschen. Ihm bleibt nichts verborgen.

Die Erfahrung, dass Gott ans Licht bringt, was Menschen im Verborgenen tun, hat mich ermutigt. Sei es das Böse, das Menschen planen oder das Gute, das sie im Verborgenen tun.

Als ich ein paar Jahre später Theologie studierte, ging ich diversen Nebenjobs nach. Zu Beginn einer neuen Stelle versuchte ich folgendes biblische Prinzip umzusetzen:

*Tut eure Arbeit mit Eifer und Freude, als würdet ihr Gott dienen und nicht Menschen. Vergesst nicht, dass der Herr euch mit dem himmlischen Erbe belohnen wird. Dient dem Herrn Jesus Christus!* Kolosser 3,23-24

Anstatt für meinen Chef und meinen Lohn zu arbeiten, erledigte ich meine Arbeit in dem Bewusstsein, dass Gott meine Bemühungen sieht. Das bedeutet, dass ich mir auch bei kleinen Aufgaben, die niemand sah, Mühe gab. Täglich machte ich mir auf dem Weg zur Arbeit bewusst, dass Gott sieht, was ich tue und dass ich deshalb meine Aufgaben fleißig, verantwortungsbewusst und korrekt erledigen würde, egal ob Kunden oder Autoritätspersonen anwesend sein würden.

Interessanterweise sorgte Gott dafür, dass mein Fleiß sich in positiven Kundenfeedbacks und Verkaufszahlen zeigte, weshalb ich im gesamten Betrieb Anerkennung bekam. Dabei brachte ich für diesen Job nicht besonders viel Talent mit, sondern ging mit der Einstellung aus dem Haus, dass ich für Gott arbeite und er sieht, dass ich treu im Verborgenen mein Bestes tue.

Wir hoffen, dass Menschen unsere Arbeit durch Beförderungen, eine Gehaltserhöhung oder Anerkennung belohnen. Aber Gott ist es, der uns im rechten Augenblick Gunst bei anderen schenken kann. Er ist es, der unsere verborgene Treue und gute Arbeit ans Licht bringt. Er ist es, der Menschen erhöhen kann (Psalm 76,6-7). Wenn Gott uns belohnen und befördern möchte, kann kein Mensch Gott aufhalten.

Gott sieht die Zeit, die wir mit ihm in der Bibel und im Gebet verbringen. Gott sieht, wie wir uns in der Kirche engagieren, unserem Umfeld dienen sowie unsere Ressourcen in sein Reich investieren.

*Deshalb werdet nicht müde zu tun, was gut ist. Lasst euch nicht entmutigen und gebt nie auf, denn zur gegebenen Zeit werden wir auch den entsprechenden Segen ernten.* Galater 6,9

Auf gute Saat folgt eine gute Ernte. Wir werden nicht nur das ewige Leben ernten, wenn wir Gott treu sind, sondern erleben schon jetzt seine Belohnung. Natürlich stehen wir nur durch Glauben und nicht durch gute Taten gerecht vor Gott da, aber Gutes tun zahlt sich in unserem Leben aus. Wer schon einmal etwas gepflanzt hat, weiß, dass die Erntezeit nicht von heute auf Morgen folgt. Es gehört zum natürlichen Prozess, dass wir säen und lange Zeit kein Resultat sehen, bis zu dem Zeitpunkt, an dem Gott die Ernte einbringen wird.

Ich liebe mein Hochbeet. Im frühen Sommer verteile ich liebevoll die Samen in meinen drei Beeten. Ich gieße und warte. Erst nach einigen Tagen zeigen sich zarte Pflänzchen. Ich gieße weiter. Über Wochen wachsen und gedeihen sie und bald ist Erntezeit: Bohnen, Randen, Gurken, Salat und Rucola. Das Säen, Warten und Bewässern hat sich ausgezahlt und das Gemüse wird von der ganzen Familie genossen. Das biblische Bild von Saat und Ernte ist eine meiner Lieblingsmetaphern in der Bibel.

Wenn wir es uns zur Gewohnheit machen, in unserem Glaubensleben eine gute Saat zu pflanzen, indem wir beständig dienen und Gutes tun, wird die Ernte bestimmt kommen, in was für einer Form auch immer Gott sie einbringen mag: Das kann ein Durchbruch im geistlichen Sinne sein, wie zum Beispiel neue Erkenntnisse, mehr Freiheit, Frieden, Liebe oder ähnliches. Der Durchbruch kann auch ganz praktisch aussehen und sich in Form von offenen Türen, neuen Möglichkeiten, einer Beförderung oder neuen Beziehungen zeigen.

*Deshalb bleibt fest und unerschütterlich im Glauben, liebe Freunde, und setzt euch mit aller Kraft für das Werk des Herrn ein, denn ihr wisst ja, dass nichts, was ihr für den Herrn tut, vergeblich ist.* 1. Korinther 15,58

NICHTS, das wir für Gott tun, ist vergeblich. Ab und zu gibt es unvorhergesehene Stürme und Hagelfälle, welche die Ernte beschädigen können, aber in den meisten Fällen folgt auf beständiges Säen eine beständige Ernte.

Gott sieht, was wir im Verborgenen tun, und wird uns dafür belohnen

(Matthäus 6,4+18). Die Erntezeit wird bestimmt kommen, wenn genügend Samen im Boden sind.

## Gebet:

*Vater, du siehst, wie ich dir treu im Verborgenen diene. Gib mir die Weisheit, gute Saat auszusäen und das Durchhaltevermögen, nicht aufzugeben. Bitte bring ans Licht, wie ich dir im Verborgenen diene. Ich freue mich auf die Ernte, die du zur rechten Zeit einbringen wirst.*
*In Jesu Namen, Amen.*

## Frage zum Nachdenken:

Welche gute Saat kannst du heute aussäen?

# Gott während schwieriger Zeiten vertrauen

## Gott gibt dir nicht mehr, als du tragen kannst – wirklich?

Eine erschütternde Nachricht aus dem Familienkreis, die Kündigung der langjährigen Stelle oder eine niederschmetternde Diagnose, und man realisiert: Es ist absolut viel!

Es gibt einen beliebten Spruch in christlichen Kreisen, der Leidende trösten soll:

*„Gott gibt dir nie mehr, als du tragen kannst."*

Wenn man nach der Bibelstelle hinter diesem Spruch fragt, wird oft auf den folgenden Vers verwiesen:

*Noch ist keine Versuchung über euch gekommen, die nicht menschlich wäre. Gott aber ist treu: Er wird nicht zulassen, dass ihr über eure Kräfte versucht werdet, sondern mit der Versuchung auch den Ausweg schaffen, dass ihr die Kraft habt, sie zu bestehen.* 1. Korinther 10,13 (ZB)

Dieser Bibelvers stimmt eindeutig nicht mit dem erwähnten Spruch überein. Paulus schreibt hier über das Thema Versuchung. Bei jeder Versuchung schafft Gott einen Ausweg, um sie zu bestehen. Nicht Gott ist es, der uns versucht, aber er wird uns helfen.

Wir werden zur vollen Verantwortung für unser eigenes Handeln gezogen und können unsere Schuld nicht auf Umstände, andere Menschen oder ähnliches schieben (Gott sei Dank für seine Gnade). In diesem Vers geht es also nicht darum, dass Gott uns nicht mehr geben wird, als wir tragen können, im Sinne von Schwierigkeiten, sondern, dass wir mit Gottes Hilfe jeder Versuchung widerstehen können.

Gott lässt nicht zu, dass wir über unsere Kräfte versucht werden. Paulus aber hat die Erfahrung gemacht, dass eine Last so schwer war, dass sie seine Kräfte weit überstieg:

*Wir wollen euch nämlich, liebe Brüder und Schwestern, nicht in Unkenntnis lassen über die Bedrängnis, die in der Asia über uns gekommen ist: So schwer und unsere Kräfte weit übersteigend ist die Last, die uns auferlegt wurde, dass wir sogar am Leben verzweifelten. Ja, was uns betrifft, so hatten wir das Todesurteil schon in den Händen; denn nicht auf uns selbst sollten wir vertrauen, sondern auf den Gott, der die Toten auferweckt.* 2. Korinther 1,8-9 (ZB)

Paulus und seine Begleiter sind sogar am Leben verzweifelt, so schwer war die Last. Wie können wir Christen in unserer heutigen Zeit dann erwarten, dass wir nur so viel Schweres erleben, wie wir tragen können?

Wie ging Paulus mit seiner Verzweiflung um? Er sagte, dass wir in solchen Momenten, wo alles zu viel wird, wir vielleicht sogar dem Tod ins Auge blicken, wir dennoch auf Gott vertrauen sollten. Und zwar aus dem Grund, weil er sogar die Toten auferwecken kann. So groß und mächtig ist Gott. Während seine Situation hoffnungslos aussah, richtete er seinen Blick auf den, der die Hoffnung selbst ist und dessen Macht die unsere weit übersteigt.

Durch die Kraft Gottes, die in unserem Leben am Werk ist, erleben wir jetzt schon die Auferstehung vom Kreuzestod im Kleinen: Träume in unseren Herzen, deren Hoffnung wir verloren haben, kann Gott auf seine Art und Weise wieder auferstehen lassen. Nach einem Zerbruch folgt Heilung und Versöhnung oder eine ausweglose Situation wendet sich plötzlich zum Guten.

All das sind Beispiele, wie Tod und Auferstehung sich in unserem Leben zeigen und Gottes Kraft wirkt.

*Durch die mächtige Kraft, die in uns wirkt, kann Gott unendlich viel mehr tun, als wir je bitten oder auch nur hoffen würden.* Epheser 3,20

Wenn uns eine Schwierigkeit mehr Gewicht auferlegt, als wir tragen können, kommen wir an das Ende unserer Kräfte. Das „zu viel" ist es oft gerade, was uns in Gottes Gegenwart treibt, und das Potenzial hat, uns in eine tiefere Beziehung zu Gott zu bringen. Die Last ist es, die uns auf die Knie gehen und uns unsere eigene Begrenzung und Abhängigkeit von Gott eingestehen lässt.

In diesem Leben werden wir wahrscheinlich mit mehr Schwierigkeiten konfrontiert, als uns lieb ist. Das ist einer der Gründe, weshalb christliche Gemeinschaft unglaublich wichtig ist. Die meisten Briefe des Neuen Testamentes sind nämlich nicht an einzelne Personen geschrieben, sondern an Gemeinden. Die Juden, die ersten Christen und die meisten Christen der vergangenen zwei Jahrtausende dachten sehr kollektiv. Heute sind wir stark von einer Weltansicht geprägt, die das Individuum unabhängig von der Gesellschaft betont. Die biblischen Texte hingegen wurden im Kontext der Gemeinschaft geschrieben.

Wir werden aufgefordert, einander zu helfen:

*Tragt einer des andern Last, so werdet ihr das Gesetz Christi erfüllen.*
Galater 6,2

Nur in der Gemeinschaft zu anderen Gläubigen können wir unsere Lasten teilen und die Lasten von anderen mittragen. Das Gesetz Christi bedeutet die Einhaltung des Liebesgebots. Einander in Schwierigkeiten beizustehen, sowie Hilfe anzunehmen, wenn wir selbst herausfordernde Zeiten erleben, gehört zum Glaubensleben dazu. Wenn wir einander die Lasten tragen, leben wir miteinander in Liebe.

Gerade die schwere Last ist es, die uns in eine tiefere und erfüllendere Gemeinschaft mit anderen Gläubigen und Gott selbst bringen kann.

Und Gott ist es, der uns in unserer schwierigen Situation mit seinen Möglichkeiten begegnet und uns neue Wege führt.

## Gebet:

*Vater, du siehst, welche Lasten mein Leben bedrücken und erschweren. Ich möchte sie in deiner liebevollen Gegenwart abladen. Hilf mir mit all meinem Ballast, denn ich möchte leichter durchs Leben gehen. Zeig mir, wie es aussieht, wenn andere Gläubige meine Lasten mittragen und ich einen Teil ihrer Lasten übernehme.*
*In Jesu Namen, Amen.*

## Frage zum Nachdenken:

Welche Lasten trägst du gerade?
Ist es an der Zeit, einige abzuladen?

# Wenn Gott für alle die Türen öffnet, außer für dich

Du bist wieder auf eine Hochzeit eingeladen, aber immer noch Single? Du hörst schon wieder von einer Bekannten, die schwanger ist, während deine Tests immer negativ bleiben?

Während andere ihre Berufung ausleben, fühlst du dich beruflich am falschen Ort? Während andere geheilt werden, bleibt dein Zustand schon lange gleich?

Es scheint so, als ob Gott die Türen für alle öffnet… außer für dich. Mit unerfüllten Wünschen im Herzen zu leben, ist nicht einfach. Vor allem, wenn sich diese Sehnsüchte auf große Lebensbereiche wie Familie, Job, Wohnsituation, Gesundheit etc. beziehen. Es tut weh und Frust macht sich breit. Zweifel, Fragen und Wut kommen auf… warum klappt es bei mir nicht? Jahrelang hielt ich Gott meine leeren Hände vor Augen. Wann wird er sie füllen?

Über einen Zeitraum von zehn Jahren hinweg sah ich mich mit einem gesundheitlichen Problem nach dem anderen konfrontiert. Ich hatte diverse operative Eingriffe und ein geschwächtes Immunsystem, weshalb ich ständig krank wurde und erschöpft war. Danach folgten fünf Jahre mit chronischen Schmerzen. Als ich mich für den Glauben an Jesus Christus entschied, war mein gesundheitlicher Zustand instabil, ich hatte Probleme in fast all meinen Beziehungen, fühlte mich sehr einsam, meine berufliche Laufbahn war ungewiss, ich kämpfte mit verschiedenen Ängsten und anderen emotionalen Herausforderungen.

Jahrelang beobachtete ich, wie andere Christen in meiner Gemeinde gesegnet wurden.

Einige hatten für wenige Monate gesundheitliche Probleme, wurden dann aber wieder gesund. Andere pflegten tolle Freundschaften, während ich mich von Leuten aus meinem Umfeld verabschieden musste.
Einige fanden den Partner fürs Leben, während ich jahrelang Single blieb. Andere wuchsen sichtbar in ihrem Glauben und überwanden ihre Probleme. Es sah so aus, als ob alle weiterkamen, von Gott geheilt und beschenkt

wurden, während ich nicht aus meinem Sumpf herauskam.

Zehn Jahre sind eine ziemlich lange Zeit, um sich mit gesundheitlichen Problemen herumzuschlagen. Vor allem, wenn man sich in den späten Teenager- und frühen Zwanzigerjahren befindet. Ich habe oft daran gezweifelt, jemals wieder gesund zu werden. Einsamkeit, viele Lebenslügen, Ängste und Schmerzen waren meine ständigen Begleiter. Unzählige Male habe ich Gott darum gebeten, meine Situation zu wenden.

All die Jahre hatte ich Gottes Güte über meinem Leben ausgesprochen. Ich verbrachte täglich Zeit mit ihm und suchte ihn, wann auch immer ich konnte. Ich betete für Heilung, für eine stabile Gesundheit, für geniale Freundschaften, für eine eigene Familie, für innere Erfüllung und dafür, in meiner Berufung zu leben und vieles mehr.

Nach Jahren des Durchhaltens, Zweifelns, Verzweifelns, Hoffens, sich aufrappeln nach Enttäuschungen und vielen Tränen, sah ich endlich Licht am Ende des Tunnels. Gott wendete meine Geschichte. Die oben aufgeführten Gebete hat Gott erhört und ich darf heute Zeugnis von Gottes Güte in meinem Leben geben.

Es gibt zwei Dinge, die ich damals noch nicht verstand:

1. Zeitperioden. Wenn ich heute zurückschaue, weiß ich, dass meine Zeit kommen würde. In den meisten Fällen müssen wir Hand in Hand mit Gott zusammenarbeiten und uns dabei auf seine Führung und seinen Zeitplan verlassen. Manchmal stehen wir vor verschlossenen Türen und fragen uns, weshalb Gott sie nicht öffnet. Möglicherweise bleiben diese Türen gerade aus Liebe zu uns geschlossen. Gott sieht, welchen Weg unser Leben in den kommenden Jahren einschlagen würde, wenn diese ersehnte Tür jetzt aufginge.
2. Vergleichen bringt uns nicht weiter. Wenn sich Unzufriedenheit in unseren Herzen ausbreitet, sind Neid und missgünstige Blicke nicht weit. Ich hätte mir sehr viel Mühe ersparen können, hätte ich mein Leben nicht ständig mit anderen verglichen. Vergleichen führt dazu, dass sich unsere Wahrnehmung verzerrt. Damals war mir nicht bewusst, dass die Menschen, mit denen ich mich verglich, auch ihre

Täler durchwandern mussten. Das Gras ist eben nicht immer grüner auf der anderen Seite.

Während die Tür zu unserem Wunsch geschlossen bleibt, geht die Tür zu Gottes Gegenwart weit auf. Arme, in die wir uns sinken lassen und Hoffnung, auf die wir uns stützen können. Wir wollen es vielleicht nicht hören und dennoch ist es die Wahrheit:

Wenn uns jede Sorge und jeder zerbrochene Wunsch in Gottes Gegenwart treibt, haben wir dann nicht genug? Ist nicht in Gottes Gegenwart die Liebe selbst und die Fülle allen Lebens zu finden?

Der Herzenswunsch darf bleiben. Die Sehnsucht darf schmerzen. Sie hat Platz in Gottes Gegenwart. Dort bepflanzt er unsere Herzen in den Zeiten, die wir in der Bibel und im Gebet verbringen. Während von außen noch nichts sichtbar ist, bilden sich tiefe Wurzeln, die zu einem wundervollen und schön blühenden Garten heranwachsen können: Zu seiner Zeit.

Entweder gibt uns Gott in der Zeit des Betens, Wartens und Hoffens neue Träume für unser Leben oder er bereitet uns auf die Erfüllung unserer Gebete vor.

## Gebet:

*Vater, du siehst die Wünsche meines Herzens. Du weißt genau, wonach ich mich sehne und wie lange ich schon darauf warte, hoffe und bete. Bitte begegne mir in meiner Sehnsucht und verändere mein Herz.*
*Reiße jeden Wunsch aus meinem Herzen aus, der nicht von dir ist und ersetze ihn mit Wünschen, die von dir sind. Bereite mich auf das vor, was du in meinem Leben machen möchtest.*
*In Jesu Namen, Amen.*

## Frage zum Nachdenken:

Wie gehst du mit den tiefen Wünschen in deinem Herzen um?

# Wenn Gott dich warten lässt

Die meisten von uns warten auf etwas: Sei es auf eine Beziehung, eine neue Wohnsituation, darauf, eine neue Stelle antreten zu können, geheilt zu werden oder einfach nur auf eine Besserung der Umstände. Wir warten darauf, in unserer Berufung leben zu können, dass Gott zu uns spricht oder dass er in unsere Situation eingreift.

Im Alltag sind wir es nicht gewohnt zu warten. In unserem Zeitalter von Same-Day- delivery und Smartphones ist Zeit eine wichtige Ressource. Wer möchte sie schon mit Warten verschwenden?

Viele gottesfürchtige Menschen in der Bibel mussten unter herausfordernden Umständen auf Gottes Verheißungen warten:

Joseph wartete 13 Jahre lang auf die Erfüllung seines Traumes.

Abraham wartete 25 Jahre lang auf die Erfüllung seiner Verheißung.

Noah baute viele Jahre an der Arche.

David wartete 15 Jahre lang, bis er König wurde.

Sogar Jesus wartete 30 Jahre lang, bis er öffentlich zu wirken begann.

Du wartest auch? Dann bist du in guter Gesellschaft. Du reihst dich sogar in die ganz großen Namen der Geschichte ein.

Abraham und Sara werden als Helden des Glaubens in der Bibel verehrt und Sara gilt als Vorbild für gläubige Frauen (1. Petrus 3,5-6 / Hebräer 11,11). Wenn wir genauer hinsehen, erkennen wir, dass ihr Leben geprägt war von einigen Begegnungen mit Gott, aber auch von Herausforderungen, alltäglichen Mühen und langen Wartezeiten.

Manchmal können wir uns von den Heldengeschichten in der Bibel blenden lassen und vergessen, dass es auch viele unspektakuläre Tage und Jahre gab, in denen die Glaubenshelden treu dienten und auf Gottes Verheißungen warteten.

Viele Christen möchten große Dinge für Gott tun, aber wer ist bereit, jahrzehntelang zu warten und treu im Kleinen zu sein?

Diese Wartezeiten, in denen man nicht genau weiß, ob man einfach abwarten oder Schritte wagen soll und sich nicht sicher ist, was genau Gottes Willen für das eigene Leben ist, sind echt anstrengend und schwierig. Es gibt auch Situationen, in denen Gott auf uns wartet. Er wartet z.B. darauf, dass wir endlich aus unserer Passivität aufstehen, indem wir sein Reich an die erste Stelle in unserem Leben setzen und seinen Willen ausführen. Wenn wir aber proaktiv und beständig Gott und seine Gerechtigkeit suchen, sind Wartezeiten unumgänglich.

Ist es nicht viel einfacher, loszustürmen, die Sache selbst in die Hand zu nehmen und zu sagen: „Ich weiß es doch viel besser!"?

Nichts tun, abwarten und auf Gott vertrauen ist eines der schwierigsten Dinge überhaupt.

Das dachten sich auch Abraham und Sara. Sara war 65 Jahre alt und immer noch war kein Kind in Sicht. Anstatt auf Gott zu warten, versuchten sie, die Verheißung selbst zu erfüllen und das Resultat war Ismael (1. Mose 16), nicht der verheißene Sohn. Jahre später wiederholte Gott die Verheißung, dass Sara einen Sohn zur Welt bringen würde. Ihr Lachen als Reaktion auf Gottes Versprechen (1. Mose 18,10-14) zeigte, dass sie jegliche Hoffnung schon verloren hatte.

In meinem eigenen Leben habe ich schon oft versucht, Gottes Zeitplan voranzutreiben: „Ich will es JETZT." Diese Einstellung hat mir so viel Kummer und Schmerzen gebracht. Anstatt zu erkennen, dass ich mich in bestimmten Lebensbereichen in einer Wartezeit befand, versuchte ich manchmal selbst Dinge zu bewegen. Ich hätte mir viel Stress erspart, wenn ich einfach auf Gott vertraut hätte. Denn er hat den perfekten Zeitplan.

Wenn ich die biblischen Geschichten lese, war es fast immer Gott, der den nächsten Schritt im Leben der großen Glaubenshelden initiierte:

Gott gab Josef die Deutung vom Traum des Pharaos.

Gott bestimmte den Zeitpunkt der Geburt von Abrahams und Saras Sohn.

Gott ließ es regnen, nachdem Noah die Arche gebaut hatte. Gott setzte David als König ein.

Jesus, der Sohn Gottes selbst, trat zur vorgesehenen Zeit öffentlich auf.

Wenn ich auf große Durchbrüche in meinem eigenen Leben zurückschaue, war es immer Gott, der die Türen öffnete. Mein Anteil bestand darin, die Situation ganz in seine Hand zu legen, ihn in meinem täglichen Leben zu suchen und ihm zu dienen sowie ihm zu erlauben, an meinem Herzen zu arbeiten.

Wartezeiten gehören zum Leben dazu. Jakobus zeigt uns, dass wir in Zeiten, in denen unser Glaube geprüft wird, Geduld erlernen (Jakobus 1,2-4). Wie könnte unser Charakter ohne Schwierigkeiten geformt werden? Durch das Warten lernen wir, geduldig zu sein.

„*Geduld ist der Begleiter der Weisheit.*" Augustinus

Das Warten, sei es auf große Verheißungen oder unerfüllte Wünsche, kann unseren Charakter auf eine gute Art und Weise formen. Wenn wir uns während Wartezeiten auf Jesus konzentrieren und danach streben, ihm ähnlicher zu werden, können wunderbare Dinge in Bewegung gesetzt werden, von denen wir nicht zu träumen gewagt hätten.

So ging es auch bekannten Personen aus der Bibel, die nach der Wartezeit Gottes Segen erlebten:

Joseph wurde der zweithöchste Mann in Ägypten und konnte somit verhindern, dass das Volk Israel verhungerte.

Vom verheißenen Sohn Isaak stammt das gesamte Volk Gottes ab.

Durch Noah wurde das Fortbestehen der Menschheit gesichert und ein neuer Bund mit Gott geschlossen.

David wurde der bedeutendste König in Israels Geschichte. Durch Jesus wurde die Sünde und der Tod besiegt.

Wenn wir die Wartezeiten nutzen, um unsere Beziehung zu Gott zu vertiefen und ihm im Alltag zu dienen, können wunderbare Dinge in Bewegung gesetzt werden, die unsere Vorstellungen bei weitem übertreffen. Das Warten lohnt sich nicht nur für uns selbst, sondern auch für die größeren Pläne mit der Welt, die Gott durch uns verwirklichen möchte.

## Gebet:

*Vater, du siehst, wie schwer mir das Warten fällt. Wartezeiten sind nicht einfach! Hilf mir, meinen jetzigen Zeitabschnitt zu akzeptieren und dir heute zu dienen. Gib mir die Geduld auf das zu warten, was du für mich hast. Gib mir Weisheit, damit ich deinem Willen entsprechend leben kann.*
*In Jesu Namen, Amen.*

## Frage zum Nachdenken:

Worauf wartest du gerade?
In welchen Lebensbereichen befindest du dich in einer Wartezeit?

# Die Kunst, gut zu warten

Erinnerst du dich an die Zeit der Vorfreude auf das beginnende Studium oder die bevorstehende Ausbildung? Ich wette, dass du dich auch an die Zeit erinnerst, als du es kaum erwarten konntest, endlich den Abschluss in deinen Händen zu halten! Hast du dir schon mal folgende Gedanken gemacht: „Wenn ich verheiratet bin, dann bin ich glücklich. Wenn ich Kinder habe, dann bin ich glücklich. Wenn ich einen besseren Job habe, dann bin ich glücklich."

Nachdem wir aber die Beziehung, die Stelle oder die gewünschte Veränderung bekommen haben, hängen wir schon dem nächsten Wunsch nach. Es hört erst mit der Entscheidung auf, zufrieden zu sein und die Zeit gut zu nutzen – vor allem während Wartezeiten.

Auch wenn es nicht einfach ist: Unsere Aufgabe ist es, Gott heute zu suchen, für ihn zu leben, uns an ihm zu freuen und mit ihm zusammen durch unseren Alltag zu gehen. Zur rechten Zeit wird er uns den nächsten Schritt zeigen. Wenn Gott uns den nächsten Schritt noch nicht offenbart hat, dann ist es jetzt einfach noch nicht an der Zeit.

Wir können keine Türen eintreten und keine Prozesse beschleunigen, für die Gott einen Zeitpunkt festgelegt hat.

Vieles in der Natur ist zeitlich vorgeschrieben. Die Blumen blühen zu einer festgelegten Zeit. Wie oft wir doch in unserem Glaubensleben Dinge vorantreiben möchten! Wir bewässern, indem wir beten, fasten, dienen und tun alles, um einen Durchbruch zu erleben und endlich die Blütezeit genießen zu können.

Der weise Lehrer im Buch Prediger bezeugt, dass es für alles eine bestimmte Zeit gibt:

*Alles hat seine Zeit, alles auf dieser Welt hat seine ihm gesetzte Frist:*
Prediger 3,1

*Weinen hat seine Zeit wie auch das Lachen. Klagen hat seine Zeit wie auch das Tanzen.* Prediger 3,4

*Suchen hat seine Zeit wie auch das Verlieren. Behalten hat seine Zeit wie auch das Wegwerfen.* Prediger 3,6

*Dadurch wurde mir klar, dass es das Beste für den Menschen ist, sich zu freuen und das zu genießen, was er hat.* Prediger 3,12

*Denn es ist ein Geschenk Gottes, wenn jemand isst und trinkt und sich über die Früchte seiner Arbeit freuen kann.* Prediger 3,13

Manchmal versuchen wir, Gottes Hand zu bewegen, um unsere Wünsche wahr werden zu lassen. Wir argumentieren im Gebet dafür, dass er uns so segnen soll, wie wir es gerne hätten. Wir möchten jetzt den Ehepartner, jetzt den Traumjob, oder jetzt den nächsten Schritt im Leben gehen.

Aber vielleicht ist jetzt einfach noch nicht die Zeit dafür. Vielleicht gibt es Dinge, die wir noch lernen sollen. Vielleicht möchte Gott noch etwas in unseren Herzen verändern und uns vorbereiten. Oder er hat andere Pläne. Vertrauen ihm dann immer noch?

Während wir warten, haben wir die Möglichkeit, vieles zu lernen und als Christen zu reifen:

1. Unsere eigenen Pläne und Wünsche in Gottes Hände legen. Gott dienen, wo wir gerade sind und wissen, dass er uns zu rechten Zeit alles geben wird, was wir brauchen:

   *Macht das Reich Gottes zu eurem wichtigsten Anliegen, lebt in Gottes Gerechtigkeit, und er wird euch all das geben, was ihr braucht.* Matthäus 6,33

2. Geduld erlernen und akzeptieren, dass vieles im Leben langsamer vorangeht, als wir es uns wünschen würden:

   *Wir freuen uns auch dann, wenn uns Sorgen und Probleme bedrängen, denn wir wissen, dass wir dadurch lernen, geduldig zu werden. Geduld aber macht uns innerlich stark, und das wiederum macht uns zuversichtlich in der Hoffnung auf die Erlösung.* Römer 5,3-4

3. Anderen Menschen in ihren Wartezeiten beistehen. Schau dich um: Wo findest du Josefs, Saras, Noahs und Davids in deinem Leben, die mit unerfüllten Sehnsüchten zu kämpfen haben? Wahrscheinlich gibt es genügend Mitmenschen, die sich über deine Ermutigung freuen würden.

   *Denkt nicht nur an eure eigenen Angelegenheiten, sondern interessiert euch auch für die anderen und für das, was sie tun.* Philipper 2,4

4. Unsere Prioritäten neu zu ordnen und Gott über alles andere zu stellen. Lasst uns nicht zulassen, dass unsere Wünsche stärker werden als unsere Liebe zu Gott.

   *Du sollst außer mir keine anderen Götter haben.* 2. Mose 20,3

5. An einer guten Einstellung arbeiten. Dankbar auf das zu schauen, was wir alles schon haben. Wenn wir nicht gelernt haben, mit dem zufrieden zu sein, was wir jetzt haben, werden wir auch dann nicht zufrieden sein, wenn Gott uns mehr gibt.

   *Nicht, dass ich etwas gebraucht hätte! Ich habe gelernt, mit dem zufrieden zu sein, was ich habe. Ob ich nun wenig oder viel habe, ich habe gelernt, mit jeder Situation fertig zu werden: Ich kann einen vollen oder einen leeren Magen haben, Überfluss erleben oder Mangel leiden.* Philipper 4,11-12

6. Die Zeit des Wartens AKTIV nutzen: Die Beziehung zu Gott durch Bibellesen und Gebet stärken, sich in einer Kirche einbringen, Freundschaften mit anderen Christen aufbauen und Gott im Umfeld dienen.

   *Lehre uns, unsere Zeit zu nutzen, damit wir weise werden.* Psalm 90,12

Wenn wir unsere Wartezeit aktiv nutzen, uns voll in Gottes Gegenwart und sein Reich investieren, werden wir eines Tages aufblicken und erkennen, dass Gott uns aus der Wartezeit heraus- und in unseren nächsten Lebensabschnitt hineingeführt hat.

Es kann auch sein, dass wir uns darin verlieren, auf etwas zu warten, das gar nicht Gottes Weg für unser Leben ist. Vielleicht macht er uns schon lange darauf aufmerksam, dass wir einen anderen Pfad einschlagen sollen, der uns an alternative Orte bringt. Es ist wichtig, dass wir beten, andere Gläubige um Rat fragen und lernen, Gottes Willen von unserem zu unterscheiden.

## Gebet:

*Vater, du kennst die Wünsche meines Herzens. Du siehst, auf was ich gerade warte. Bitte hilf mir dabei, meine Zeit weise zu nutzen und zu wachsen. Hilf mir, zufrieden zu sein in diesem Zeitabschnitt und deinen Willen im Warten zu leben.*
*In Jesu Namen, Amen.*

## Frage zum Nachdenken:
Wie kannst du deine Wartezeit aktiv nutzen?

# Wüstenzeiten

Wüstenzeiten gehören zum Leben eines Christen dazu. Wenn wir Schritte im Glauben gehen oder in der Beziehung zu Gott wachsen möchten, landen wir irgendwann einmal in der Wüste. Nach einer intensiven Begegnung mit Gott wurde sogar Jesus in die Wüste geführt (Matthäus 4,1-11). Wie könnten wir dann erwarten, dass wir von der Dürre verschont bleiben?

Die Israeliten hatten vor kurzem in Ägypten erlebt, wie Gott die Ägypter mit den 10 Plagen schlug, um sein Volk zu befreien. Es war ein triumphaler Auszug, der aber direkt in die Wüste führte:

*Deshalb ließ er das Volk einen Umweg machen und führte sie durch die Wüste ans Rote Meer. Die Israeliten verließen Ägypten zum Kampf gerüstet.*
2. Mose 13,18

Das muss ein Schock gewesen sein. Sie wurden Zeugen der großen Wundertaten Gottes und nun sitzen sie in der Wüste fest. Dennoch war die Wüste die gute Absicht Gottes. Er verzichtete auf den kurzen Weg und ließ sie die lange Strecke gehen – aus gutem Grund:

*Als der Pharao das Volk schließlich ziehen ließ, führte Gott es nicht durch das Gebiet der Philister, obwohl dies der kürzeste Weg war. Gott sagte sich: „Wenn das Volk merkt, dass ihm ein Kampf bevorsteht, bereut es möglicherweise den Auszug und kehrt nach Ägypten zurück.“* 2. Mose 13,17

Manchmal lässt Gott uns zu unserem Wohl den längeren Weg gehen. Auch wenn dieser durch die Wüste führt. Die Israeliten kannten Gottes Gedanken nicht. Alles, was sie sahen, war Sand. Gott, der alle Herzen kennt, wusste, dass sie noch nicht genügend äußere und innere Distanz zu ihrem Leben in Ägypten gefunden hatten. Eine angemessene Entscheidung, wie die Reaktion der Israeliten zeigt, als das Heer des Pharaos sie schließlich verfolgt: *Mose jedoch warfen sie vor: „Hast du uns etwa hierhergebracht, damit wir in der Wüste sterben? Gab es denn nicht genug Gräber für uns in Ägypten?*

*Warum hast du uns das angetan und uns aus Ägypten geführt?"* 2. Mose 14,11

Ihnen hätte zu diesem Zeitpunkt die Kraft und das Vertrauen auf Gott gefehlt, um einen Kampf gegen die Philister zu bestreiten.

Die wenigsten Menschen werden von Gott wortwörtlich in die Wüste geführt. Geistlich gesehen erleben wir diese trockene Zeit in unserem Inneren. Mutter Teresa erlebte neben vielen anderen Gläubigen der Geschichte eine Wüstenzeit. Sie war eine Ordensschwester und Missionarin, die sich fürsorglich den Armen, Kranken und Sterbenden in Indien widmete. Ihre persönliche Wüstenzeit im Glauben beschreibt sie wie folgt:

*„Da ist nichts in mir ... Selbst tief drinnen in meinem Innersten ist nichts als Leere und Dunkelheit."* [5]

Während wir damit beschäftigt sind, einen Weg aus der Wüste heraus zu finden, schaut Gott auf unser Herz. In all dem möchte er uns mehr von sich zeigen und uns formen (5. Mose 8,3-5). Mutter Teresa sagte darüber:

*„Nur wenn wir unser Nichts, unsere Leere, wahrnehmen, kann Gott uns mit sich selbst erfüllen. Wenn wir voll von Gott geworden sind, dann können wir Gott anderen Menschen geben, denn wovon das Herz voll ist, davon spricht der Mund."* [6]

Gott braucht diese trockenen Zeiten, um unser Herz zu verändern, damit wir mehr von ihm empfangen können. Und das geht anscheinend am besten in der Wüste. Es sind wichtige Zeiten im Leben eines Christen, da wir unsere Beziehung zu Gott vertiefen und als Personen reifen können.

Interessanterweise erlebten die Israeliten gerade in der Wüste große Wunder: Gott machte bitteres Wasser trinkbar, versorgte sie täglich mit Manna und führte sie auf wundersame Weise.

Eine Wüstenzeit kann auch eine Zeit der Zuflucht oder der Erholung sein. Elia floh aufgrund von Morddrohungen in die Wüste (1. Könige 19,1-6). Zeiten der Dürre können dazu führen, dass wir unser Leben nochmals neu überdenken und neue Wege einschlagen (1. Könige 19,7-8). Es kann sein, dass Gott in der Wüste unser Herz verändert und wir plötzlich neue Möglichkeiten für unsere Zukunft sehen und neue Offenbarungen in Bezug auf unsere Berufung erhalten. Meistens kommen Christen aus Wüstenzeiten tiefgreifend verändert hervor.

Oftmals folgt auf eine Wüstenzeit ein neuer Abschnitt in unserem geistlichen Leben. Jesus begann nach der Zeit in der Wüste öffentlich zu wirken und die Israeliten wurden ins verheißene Land geführt. Wüstenzeiten können uns auf mehr Verantwortung und neue Aufgaben vorbereiten.

Niemand bleibt ewig in der Wüste, es sei denn, wir halten uns selbst in der Dürre gefangen, weil wir dort unser Zelt aufgeschlagen haben, von dem Gott nie wollte, dass wir es tun: Wenn wir uns weigern, jemandem zu vergeben, eine bestimmte Person loszulassen, alte Denkmuster aufzubrechen oder Gottes Aufforderungen wiederholt nicht gehorchen, bleiben wir in der Wüste stehen. Gott aber möchte uns in fruchtbares Land führen. Er möchte nicht, dass wir länger in der Wüste bleiben, als es nötig ist. Er möchte neue Wege bahnen und uns hinausführen.

## Gebet:

*Vater, danke, dass du diese trockene Zeit dazu benutzt, mich dir ähnlicher zu machen. Bitte zeig mir, ob ich selbst in der Wüste stehen bleibe, sei es durch Bitterkeit, noch nicht verheilte Verletzungen aus der Vergangenheit oder ähnliches. Führe und leite mich.*
*In Jesu Namen, Amen.*

## Frage zum Nachdenken:

Hast du schon Wüstenzeiten erlebt oder befindest du dich gerade in dieser Phase?

# Gott ist jetzt bei dir

Wie gerne möchte ich mich mit Gott auf einen Kaffee treffen, um glasklare Antworten auf meine tiefen Fragen zu erhalten. Manchmal fällt es mir schwer, Gott nicht auf die Art und Weise begegnen zu können, wie meinen Mitmenschen.

Viele Christen wünschen sich mehr Nähe zu Gott. Wir möchten seine Anwesenheit spüren, doch werden wir von dem unguten Gefühl geplagt, dass Gott fern sei.

Ich glaube, Jakob ging es ähnlich. Mehr noch: Er rechnete nicht einmal mit Gottes Gegenwart, geschweige denn mit einer Gottesbegegnung, als er sich auf dem Weg von Beerscheba nach Haran zum Schlafen niederlegte:

*Da wachte Jakob auf und sagte: „An diesem Ort ist der Herr, und ich habe es nicht gewusst.“* 1. Mose 28,16

Es gibt Momente, in denen uns bewusst wird, dass Gott ein Gebet erhört hat oder wir plötzlich erkennen, wie er in unserem Leben wirkt. Meist folgen diesen Ereignissen Gedanken wie „Wow! Gott wirkt. Gott ist hier.“ Gefühle wie Freude und Ehrfurcht stellen sich ein. Uns wird bewusst, dass Gott jetzt gerade hier ist und handelt.

Solche Erlebnisse können uns durch Tage, ja sogar Wochen, tragen. Wir fühlen uns von Gott gesehen und mit seiner Gegenwart beschenkt. Wir haben erfahren, dass er in unserem Leben wirkt und uns nahe ist.

Jakob ging es nach seiner Vision von der Himmelsleiter ähnlich (1. Mose 28,12-15). Seine Erkenntnis lautete: Gott ist hier. ICH wusste es nur nicht. Gott ist immer da. Das Problem ist, dass uns oft nur Gottes Gegenwart bewusst ist, wenn wir ihn spürbar erleben.

In unserer heutigen Zeit legen wir viel Wert auf Gefühle. Wir wollen etwas „spüren“. Lobpreiszeiten sind darauf angelegt, Gott zu fühlen und viele Christen suchen Gott in ihrer stillen Zeit in der Hoffnung, ihm zu begegnen. Wenn sich die erhofften Gefühle nicht einstellen, machen sich Enttäuschung und Gedanken breit, die darum kreisen, etwas falsch gemacht zu haben, zu wenig begabt oder unzulänglich zu sein. Wenn man sich Gott also nicht nahe fühlt, dann scheint man ihm auch nicht nahe zu sein. Doch weshalb sind unsere Gefühle die Messlatte für die Wahrheit? Nirgendwo in der Bibel steht, dass Gott nur da ist, wenn wir ihn spüren. Ganz im Gegenteil: Jakob hat realisiert, dass Gott schon da war, bevor er die Vision hatte. Unser Leben mit Gott setzt Glauben voraus (Hebräer 11,6) und Vertrauen, dass seine Worte wahr sind. Glauben, dass er existiert. Seine Nähe, seine Wegweisung, wer er ist und damit auch, wer wir sind, erfahren wir durch die Bibel. Dort ist alles festgehalten, was er uns lehrt.

Die Bibel bezeugt, dass Gott in uns Gläubigen lebt (1. Korinther 3,16). Auch wenn wir ihn nicht sehen, riechen oder anfassen können, auch wenn wir ihn vielleicht nur selten hören, ist er doch in uns gegenwärtig.

Die Wahrheit ist, dass Jesus immer mit uns ist. Dabei hat er uns Folgendes zugesagt:

*„...und lehrt sie alles halten, was ich euch geboten habe. Und seid gewiss: Ich bin bei euch alle Tage bis an der Welt Ende.“* Matthäus 28,20 (ZB)

Aus dem Vertrauen in sein Wort kommt Ruhe und Frieden. In der Zusage seiner Gegenwart und nicht im Spüren, liegt die Kraft.

Durch die Bibel hindurch hat Gott seinem Volk und einzelnen Menschen wiederholt zugesichert, dass er immer bei ihnen ist:

Gott ist gegenwärtig, wenn wir in seinem Namen zusammenkommen (Matthäus 18,20).

Er ist nahe, wenn wir ihn aufrichtig anrufen (Psalm 145,18).

Gott denkt ständig über uns nach (Psalm 139).

Die ganze Schöpfung ist ein Zeugnis von Gottes Existenz und Gegenwart (Römer 1,20).

Gott verspricht, dass er immer mit uns ist
(Josua 1,9).

Gott lebt in jedem Menschen, der an Jesus glaubt (1. Korinther 6,19). Deshalb kann er gar nicht weit weg sein.

Der Zuspruch von Gottes Gegenwart beinhaltet Hoffnung und Kraft. Unzählige Bibelstellen bezeugen seine Anwesenheit in unserem Leben. Weshalb ist die Zusage von Gottes Gegenwart so kraftvoll?

Es bedeutet, dass wir NIE alleine sind und dass in jeder Situation seine Liebe und Gnade schon auf uns warten. Gott schafft das Potenzial für große Veränderungen und Möglichkeiten in unserem Leben. Wenn Gott bei uns ist, werden wir Zeugen von seiner Liebe und seinem Wirken.

Wenn wir mit Schwierigkeiten konfrontiert werden, fühlt es sich so an, als ob Gott fern ist. In der Nacht mag die Sonne weg sein. Aber wir wissen, dass sie immer da ist. Wir fühlen ihre Wärme nicht so wie am Tag, aber die Wahrheit ist: Die Sonne ist da, wir können sie in der Nacht nur nicht direkt sehen, aber die Sterne deuten auf ihre Existenz hin. Selbst wenn dichte Wolken den Tag verfinstern, ist die Sonne noch da und ermöglicht, dass wir leben können.

Es mag sich so anfühlen, als ob Gott nicht nahe sei, jedoch entspricht dieses Gefühl nicht den Tatsachen. Diesen Lügen müssen wir die Wahrheit entgegenhalten, so wie sie in der Bibel bezeugt wird.

Wenn unsere Gefühle uns sagen möchten, dass Gott fern ist, dürfen wir uns daran erinnern, dass er in uns lebt, immer mit uns ist und uns nahe bleibt, ob wir ihn spüren oder nicht. Mit den Worten Jakobs: „Gott ist hier und ich habe es nicht gewusst."

## Gebet:

*Vater, ich danke dir für deine beständige Anwesenheit. Danke, dass du in allem mit mir bist und hinter mir stehst. Hilf mir, der Wahrheit mehr zu glauben als meinen Gefühlen und Lügen, die mir einreden möchten, dass du nicht nahe bist. Du bist immer da.*
*In Jesu Namen, Amen.*

## Frage zum Nachdenken:

Hast du manchmal Mühe damit, der Zusage, dass Gott immer bei dir ist, zu vertrauen?

# Gott versorgt

Wir sitzen am Esstisch und unsere Tochter fragt: „Mama, woher kommt eigentlich das Essen?“

Ich: „Aus dem Supermarkt.“

Meine Tochter: „Aber… kommt es nicht von Jesus?“

Wie wahr, kleine Maus. Wenn du wüsstest, wie Gott uns schon versorgt hat!

*Darum sage ich euch: Sorgt euch nicht um euer tägliches Leben – darum, ob ihr genug zu essen, zu trinken und anzuziehen habt. Besteht das Leben nicht aus mehr als nur aus Essen und Kleidung? Schaut die Vögel an. Sie müssen weder säen noch ernten noch Vorräte ansammeln, denn euer himmlischer Vater sorgt für sie. Und ihr seid ihm doch viel wichtiger als sie.* Matthäus 6,25-26

Als wir noch studierten, kämpften mein Mann und ich zwischen den Vorlesungen darum, unsere Rechnungen bezahlen zu können. Wir hielten uns mit diversen Nebenjobs, Hilfe von außen und vor allem Gottes Versorgung über Wasser. Jeden Monat, in dem wir unsere Rechnungen bezahlen konnten, war ein Wunder.

Noch während des Studiums wurde ich mit unserem ersten Kind schwanger. Und die Finanzen waren immer noch sehr knapp. Ohne irgendjemanden darum zu bitten, brachten uns Leute von allen Seiten Dinge, die wir für unser Kind brauchen würden. Familienmitglieder, Freunde und sogar Fremde gaben uns Babykleider, Spielsachen, Geld, etc. Wir erhielten nichts doppelt, sondern alles, was ein Kind im ersten Jahr benötigt.

NICHTS fehlte, als unsere Tochter auf die Welt kam.

*Und mein Gott wird euch aus seinem großen Reichtum, den wir in Christus Jesus haben, alles geben, was ihr braucht.* Philipper 4,19

Gottes Versprechen, dass er uns versorgt, hat sich erfüllt.

Und er hat sogar noch mehr getan. Da wir kein eigenes Auto hatten, organisierten wir eines von Freunden um die Tage des Geburtstermins herum. Überraschenderweise platzte meine Fruchtblase mehr als zwei Wochen vor dem Termin, mitten in der Nacht.

Genau einen Tag davor brachte unser Freund Liam sein Auto (viel früher als abgemacht) und legte den Schlüssel in unseren Briefkasten. Gott sei Dank! Das Auto war um 2 Uhr morgens nämlich die einzige Möglichkeit, um ins Spital zu gelangen.

Später fragten wir Liam, weshalb er das Auto zu früh brachte. Er meinte, dass er gerade Zeit hatte und es einfach erledigen wollte.

In erster Linie versorgt Gott uns durch die Arbeit, der wir nachgehen. Wir haben Jobs, um unsere Rechnungen zu bezahlen. Die Bibel lobt Fleiß an mehreren Stellen und spricht sich gegen Faulheit aus:

*Faule Menschen wollen viel und bekommen wenig, doch wer fleißig ist, dem wird es gut gehen und er wird zufrieden sein.*
Sprüche 13,4

Wir sind dazu aufgefordert, unser bestmögliches zu tun, um unsere Familie zu ernähren. Zu arbeiten ist unsere Bestimmung (Prediger 5,17). Jedoch gibt es viele Situationen im Leben, in denen auch der größte Fleiß nicht ausreicht. Oder eine Einkommensquelle kann im Falle von Arbeitslosigkeit oder ähnlichem ganz versagen. Gott aber ist ein guter Hirte. Er sieht unsere Situation. Er lässt uns nicht alleine:

*Ein Psalm Davids. Der Herr ist mein Hirte, ich habe alles, was ich brauche. Er lässt mich in grünen Tälern ausruhen, er führt mich zum frischen Wasser.*
Psalm 23,1-2

Wenn Gott uns versorgt, heißt das nicht, dass wir im absoluten Wohlstand leben. Sondern er gibt uns so viel, wie wir brauchen. Es gibt aber auch Momente, in denen Gott uns auffordert, einen Schritt im Glauben zu wagen.

„Ich muss kündigen. Es geht so nicht mehr. Es ist an der Zeit", sagte mein Mann schließlich, als wir auf der Couch saßen und erneut über seine Stelle sprachen. Die vergangenen Monate hatten gezeigt, dass ein Schritt im Glauben notwendig war. Während ich hochschwanger war, kündigte mein Mann seinen Job, ohne zu wissen, was als Nächstes kommen würde.

Während er seine Zeit zu Hause gemütlich genoss, bereiteten mir wiederholte Blicke auf unser Bankkonto Sorgen. „Gott wird schon etwas bringen", meinte er entspannt. Es ist schön, mit jemandem verheiratet zu sein, der mehr Gottvertrauen besitzt als man selbst. Aber ganz ehrlich? Ich mag Sicherheit. Am liebsten hätte ich zu dem Zeitpunkt schon gewusst, wann der nächste Lohn kommen würde.

Aber in allem kam Gott nie zu früh und nie zu spät, sondern immer rechtzeitig, wie ein berühmter Spruch besagt. Obwohl ich Gottes Versorgung schon mehrmals erlebt hatte, war ich täglich herausgefordert, ihm zu vertrauen. Bald zwei Kinder und kein Einkommen? Puh...!

Wir verbrachten eine wunderbare Zeit als Familie zusammen. Während in der Schweiz nur zwei Wochen Vaterschaftsurlaub erlaubt sind, konnten wir in unserer Situation fast zwei Monate lang die Zeit als Familie zu viert genießen.

Und dann geschah alles ganz schnell: Ein Freund leitete meinem Mann ein passendes Stelleninserat weiter. Er bewarb sich, stellte sich vor, bekam innerhalb weniger Tage einen positiven Bescheid und konnte in weniger als zwei Wochen mit der Arbeit beginnen. Es war eine Tür, von der wir aufgrund von verschiedenen Faktoren erkannten, dass Gott sie geöffnet hatte.

## Gebet:

*Vater, du bist mein Versorger. Du weißt genau, was ich brauche und du wirst mich zur rechten Zeit versorgen. Bitte hilf mir, dir zu vertrauen, damit ich meine Sorgen und Ängste niederlegen kann. Meine Nöte gebe ich in deine Hände. In Jesu Namen, Amen.*

## Frage zum Nachdenken:

Wann und wie hast du in deinem Leben schon Gottes Versorgung erlebt?

# Wahre innere Freiheit

Viele von uns kennen die Situation nur allzu gut: Wir hatten Pläne für die Zukunft geschmiedet, voller Vorfreude und Erwartung. Jedoch wurden sie durch äußere Umstände oder andere Menschen zerschlagen. Unsere Hoffnungen wurden enttäuscht und wir mussten eine andere Richtung einschlagen. Im Leben kommt es oft anders als erwartet, auch wenn wir uns noch so sehr um das bemühen, was wir uns wünschen.

Die Welt vermittelt uns: „Kontrolliere dein eigenes Schicksal. Nimm dein Leben in die Hand und mach was draus." Jesus aber sagt uns:

*Wer versucht, sein Leben zu behalten, wird es verlieren. Doch wer sein Leben für mich aufgibt, wird das wahre Leben finden.* Matthäus 16,25

Paradoxerweise verliert man sein Leben genau dann, wenn man es behalten möchte. Wenn wir uns zu sehr an bestimmte Vorstellungen klammern oder unnachgiebig darauf beharren, unsere eigenen Wünsche um jeden Preis zu erfüllen, entgeht uns oft das wahre Leben. Diese Haltung erzeugt eine anhaltende innere Spannung, da die Realität nicht mit unseren idealisierten Vorstellungen übereinstimmt. Wir versuchen, den Verlauf unseres Lebens zu kontrollieren. Dieses Klammern an unser eigenes Leben macht uns unfrei. „Sein eigenes Schicksal in die Hand nehmen" ist nicht der Weg zur Freiheit. Wahre Freiheit finden wir in der Hingabe, und zwar in der vertrauensvollen Hingabe an Gott.

Daniel hätte sich sein Leben anders vorgestellt. Als die Babylonier Jerusalem eroberten und einige Einwohner als Gefangene verschleppten, zerbrachen Daniels Zukunftsträume. Mit seinen Freunden wurde er aus seiner Heimat entführt und fand sich in einem fremden Land mit fremden Menschen und fremden Bräuchen wieder. Aufgrund seiner Intelligenz erhielt er eine Ausbildung in den babylonischen Schriften und wurde als Ratgeber des Königs von Babylon eingesetzt.

In einer Nacht plagte den König ein rätselhafter Traum. Weder Wahrsager noch Traumdeuter konnten ihn deuten. Doch Gott offenbarte Daniel die Botschaft.

Mutig trat er vor den König, enthüllte die Offenbarung und wurde dafür reich belohnt.

Auffällig ist Daniels beständiger Fokus auf Gott. Er hielt die Speisegesetze ein (Daniel 1,8-16), suchte Gottes Hilfe bei der Traumdeutung (Daniel 2,17-19) und verwies demütig auf Gottes Souveränität (Daniel 2,30 + 44-45).

Daniel ließ seine Vorstellungen davon, wie sein Leben verlaufen soll, los. Er klammerte sich einzig und allein an seinen Gott, indem er ihm gehorchte, betete und ihn beständig suchte (Daniel 6,11).

Wenn wir unser Vertrauen nicht auf das Eintreffen von bestimmten Ereignissen oder Ergebnissen setzen, sind wir wirklich frei. Freiheit besteht darin, unser Leben ganz auf Gott zu bauen und nicht auf unsere Träume.

Ist es falsch, sich etwas zu wünschen? Natürlich nicht! Gott sind unsere Wünsche wichtig. Einige hat sogar er uns aufs Herz gelegt. Das Problem entsteht dann, wenn man mit aller Verbissenheit auf die Erfüllung seiner Wünsche hinarbeitet und Gott nicht mehr die erste Stelle in unserem Leben behält. Wir werden von den Dingen kontrolliert, die wir uns am meisten wünschen.

Es besteht eine große Freiheit darin, nicht daran gebunden zu sein, dass das eigene Leben auf eine bestimmte Art und Weise verlaufen muss. Tiefes Vertrauen in Gott, anstatt in erhoffte Ergebnisse, bringt innere Ruhe. Wenn man sich mit all seinen Wünschen alleine an Gott hängt, ist man wirklich frei.

*Der Glaube ist bewusstes Vertrauen in das Wesen Gottes, dessen Wege du zurzeit vielleicht nicht verstehst.* Oswald Chambers

Wenn Gott wichtiger ist als alles andere in unserem Leben, sind wir wirklich frei. Dann sind wir nicht daran gebunden, wie unser Leben zu verlaufen hat.

Natürlich ist es in Ordnung zu planen und auf Ziele hinzuarbeiten. Jedoch sollten wir sie wie ein Seil locker genug in den Händen halten, um zu erkennen, wenn Gott uns einen anderen, unvorhergesehenen Weg führt. Und straff genug, um in unserem Leben etwas bewirken zu können.

Erwarte Wunder.

Erwarte Segen.

Erwarte Durchbrüche.

Gott wirkt Wunder, segnet und schafft Durchbrüche. Aber meistens auf eine andere Art und Weise, als wir es erwarten und nach einem anderen Zeitplan, als wir denken.

Wir sollen hoffen und erwarten, dass Gott noch Großes in unserem Leben tun wird. Wenn wir uns dabei aber an konkrete Vorstellungen klammern, können wir schnell enttäuscht werden. Wenn wir aber erwarten, dass Gott in unserem Leben wirken wird, uns führt und wir noch viel mit ihm erleben werden, werden wir nicht enttäuscht werden.

*Denn du bist groß und tust Wunder. Du allein bist Gott.* Psalm 86,10

Das, was unser Herz am meisten braucht und was sich tief drinnen, hinter all unseren Wünschen verbirgt, ist Gott selbst. Was wir uns von der Erfüllung unserer Träume erhoffen sind Liebe, Freude, Freiheit, Frieden und vieles mehr. Gott ist die Personifizierung all dieser guten Dinge. Deshalb sind sie bei Gott zu finden und er kann uns an Orte führen, wo wir ihn und sein Wirken erleben werden. Jeden Morgen können wir uns entscheiden, unseren Tag und jeden einzelnen Lebensbereich in seine liebenden Hände zu legen. Tiefe Ruhe und innere Freiheit finden wir nicht in gewünschten Ergebnissen, sondern in Gott selbst.

## Gebet:

*Vater, ich möchte die innere Freiheit und die tiefe Ruhe, die dadurch kommt, genießen können. Hilf mir dabei, mich nicht an meine Wünsche und an genaue Vorstellungen zu klammern, sondern mich ganz auf dich zu verlassen. Zeig mir, wie ich loslassen kann, damit ich mehr Freiheit erleben kann. In Jesu Namen, Amen.*

## Frage zum Nachdenken:

Gibt es einen Wunsch oder eine Hoffnung, die du loslassen kannst, um mehr innere Freiheit zu erfahren?

# Die Frage nach dem Leid

## Wenn das Leid persönlich wird

„Mein gesamtes Dorf ist flach. Ich habe 6 Verwandte verloren und weitere sind verletzt.“ Frau Yilmaz stand in unserem Eingang, zog sich ihre Jacke aus. Es war Februar 2023, ungefähr eine Woche nach dem verheerenden Erdbeben in der Türkei und in Syrien, bei dem zehntausende von Menschen starben.

Mir war nicht bewusst, dass Frau Yilmaz aus dem Gebiet stammte, das vom Erdbeben am schlimmsten betroffen war. Bisher war das Leid dieser Naturkatastrophe für mich ein erschreckendes Bild auf Bildschirmen gewesen. Nun wurde das Leid durch die Person, die mir gegenüberstand persönlich sichtbar.

Sie zeigte mir Fotos der Trümmerhaufen und das beschädigte Haus ihrer Mutter.

„Ich schlafe seitdem nicht mehr“, sagte sie mit ihrem unüberhörbaren türkischen Akzent.

Mir fehlten die Worte...

*Warum wendest du dich von uns ab? Warum verschließt du deine Augen vor unserem Leid und unserer Unterdrückung?* (Psalm 44,25)

Was tun wir, wenn die Frage nach dem Leid persönlich wird, wenn der Schmerz im eigenen Leben erfahrbar wird und wir vor lauter Schock und Trauer unseren normalen Alltag nicht mehr bewältigen können? Für Hiob wurde das Leid persönlich:

Da stand Hiob auf und zerriss seine Kleider. Er schor sich den Kopf, warf sich vor Gott zu Boden und sagte: *„Nackt bin ich aus dem Leib meiner Mutter gekommen, und nackt werde ich sein, wenn ich sterbe. Der Herr hat mir alles gegeben und der Herr hat es mir wieder weggenommen. Gelobt sei der Name des Herrn!“ Trotz allem, was geschehen war, versündigte Hiob sich nicht gegen*

*Gott und sagte nichts Ungehöriges.* Hiob 1,20-22

Also, wenn mir alles genommen würde, würde ich definitiv nicht mit Lobpreis reagieren. Hiob aber akzeptierte alles; Segen und Leid. Da stand er nun, vor dem nichts. Dabei war er äußerst erfolgreich gewesen und lebte ein gutes und anständiges Leben. Und mit einem Mal brach das totale Unglück über ihn herein.

Hiobs Freunde meinten es gut, als sie sich aufmachten, um ihrem Freund im Leid beizustehen. Sie ließen ihre Familien und ihre Häuser zurück, um eine Woche lang mit ihm zu schweigen. Danach versuchten sie zu erklären, weshalb Hiob litt. Sie vermuteten, dass Hiob gesündigt haben musste und Gott ihn deshalb bestrafen würde. Er verdiente, was ihm widerfahren war und sollte deshalb Buße tun. Ihre Argumente waren jedoch wenig hilfreich. Zudem stellten sie sich am Ende der Geschichte als falsch heraus.

Der aus dem kommunistischen Ungarn geflohene Philosoph und Theologe Ladislau Boros schreibt Folgendes:

*„Wir Christen dürfen aber nicht auf die „Alleserklärer", die gerade dann eine schnelle Antwort geben, wenn sie keine haben, hören. Wir sollten lieber ehrlich zugeben, dass wir Gott nicht verstehen. Dass wir nicht begreifen, warum Gott den Schmerz, so viel und so sinnlosen Schmerz, geschaffen hat. Warum die Augen Christi am Ende, auf dem Kreuz, derart mit Betrübnis und Weinen erfüllt waren, dass er nicht einmal Gott wiedererkennen konnte."*[7]

Wir wünschen uns klare Antworten auf unsere Fragen. Jedoch ist jede Antwort hinterfragbar, auch wenn sie noch so gut ausformuliert ist. Die intellektuelle Aufarbeitung scheiterte, aber als Gott sich als der Allmächtige offenbarte, sah Hiob seine Situation in neuem Licht. Das, was Hiob schlussendlich aus seiner Trauer und seinem Leid zog, war eine Begegnung mit Gott.

Durch den Blick auf Gott, seine Größe und sein Wirken wurde Hiob aus seiner Fixierung auf sein eigenes Leiden herausgerissen (Hiob 38-42).

Gottes Rede zeigte, dass Hiob all das nicht verstehen konnte. Gott ist größer und übersteigt unser Verständnis. Es kann uns gerade deshalb so schlecht gehen, weil wir versuchen, ihn ganz zu verstehen und beharrlich nach der Antwort auf unser „Warum" fragen.

Nach dieser Begegnung mit Gott nahm Hiobs Einstellung eine unerwartete Wendung:

*Bisher kannte ich dich nur vom Hörensagen, doch jetzt habe ich dich mit eigenen Augen gesehen.* Hiob 42,5

Aus dem tiefsten Leid heraus kam er Gott näher. Anstatt sich von Gott zu entfernen, brachte das Leid ihn zu einer tieferen Offenbarung dessen, wer Gott ist. Die Bibel leitet uns an, Gott zu folgen, auch wenn wir nicht genau wissen, weshalb wir leiden. Während der gesamten Geschichte bekam Hiob nämlich den einleitenden Dialog zwischen Gott und Satan nicht mit.

Gott ist Hiob ganz persönlich begegnet. Auch uns begegnet Gott im Leid persönlich, in einer Person: Jesus am Kreuz. Leidend. Verraten, geschlagen, ans Kreuz genagelt. Leidend am Kreuz, mitleidend mit uns:

*Gegen drei Uhr rief Jesus mit lauter Stimme: „Eli, Eli, lama asabtani?", das bedeutet: „Mein Gott, mein Gott, warum hast du mich verlassen?"*
Matthäus 27,46

Gott selbst hat gelitten. Er ist nicht fern. Er ist hier, leidet mit den Betroffenen, leidet mit uns. Er weiß, wie es ist.

Gott hat sich das Leiden der Menschen zu eigen gemacht. Jesus hat das Leid der gesamten Welt auf sich genommen. Er hat mehr gelitten, als wir es jemals tun müssen. Am Kreuz hat er nicht nur die physischen Schmerzen gespürt, sondern auch geistliche Leiden durchlebt, die komplette Verlassenheit Gottes, damit wir nicht von ihm getrennt sein müssen. Denn Gott ist uns in unserem Leid nahe. Er leidet mit uns.

***„Gott gibt keine ‚Antworten' auf das Menschenleid. Er nimmt es auf sich.***
*Er lässt das Meer des Schmerzes, das ihn umgibt, bis ans Innerste seiner menschgewordenen Existenz heranbranden.“*[8] Ladislau Boros

Gottes Antwort ist keine Erklärung, sondern eine Person: Jesus Christus.

## Gebet:

*Vater, du siehst das Leid in der Welt, in meinem Umfeld und in meinem eigenen Leben. Begegne mir, weil ich es so dringend nötig habe. Hilf mir, Trost in dir zu finden.*
*In Jesu Namen, Amen.*

## Frage zum Nachdenken:

Wie verändert die Tatsache, dass Jesus am Kreuz mit uns mitleidet, wie du das Leid in deinem eigenen Leben und Umfeld siehst?

# Glaube trotzdem

Das Leben als Christ kostet uns etwas:

Du könntest von Menschen verspottet und ausgelacht werden.
Glaube trotzdem.

Du könntest viel Mangel leiden und vielen Entbehrungen ausgesetzt sein.
Glaube trotzdem.

Du könntest dein Leben lang krank sein.
Glaube trotzdem.

Du könntest für deinen Glauben geschlagen und getötet werden.
Glaube trotzdem.

Nachfolge kostet etwas. Das ist die Realität eines Christen. Eines ist gewiss: In diesem Leben werden wir mit Sicherheit mit Schwierigkeiten konfrontiert werden.

*Wenn du durch Wasser gehst, werde ich bei dir sein. Ströme sollen dich nicht überfluten! Wenn du durch Feuer gehst, wirst du nicht verbrennen; die Flammen werden dich nicht verzehren!* Jesaja 43,2

Es heißt nicht „falls du durchs Feuer gehst“, sondern „wenn du durchs Feuer gehst“. Schwierigkeiten werden gewiss kommen. Aber wir haben die Zusage, dass Gott mit uns ist, auch wenn die Hitze uns zu verbrennen droht. Daniel und seine Freunde haben erlebt, wie Gott sogar mit ihnen im Feuerofen war (Daniel 3,25).

Mit Sicherheit werden wir alles, was wir hier auf der Welt haben, verlieren. Ganz gewiss werden uns alle unsere geliebten Menschen verlassen, wenn wir sie nicht vorher verlassen werden. Sind wir darauf vorbereitet? Lässt unsere Kultur, unser Glaube und unser Herz diese Realität zu?

Leo, erst ein Jahr alt, erkrankte an Krebs. Der Schock und das Unverständnis der Eltern waren groß und die Gebete zahlreich. Jahre vergingen, geprägt von Therapien und Klinikaufenthalten.

Ein paar Jahre später starb Leo. Wenige Tage nach seinem Tod fand sein trauernder Vater eine handgeschriebene Notiz im Kinderzimmer: „Auftrag beendet". Ein Zeichen des himmlischen Vaters, der dem irdischen Vater bezeugt, dass er souverän ist und ihm Trost spenden möchte. Leo hatte seine Aufgabe auf der Erde erfüllt, wie auch eine Vision, die der Vater von Gott erhalten hatte, bezeugte. Trotz allem Unverständnis steht Leos Vater fest im Glauben und ist überzeugt davon, dass Gott groß ist und keine Fehler macht. Er liebt und lobt Gott weiterhin und ist dankbar für die wenigen Jahre, die die Familie mit ihrem Sohn verbringen durfte und für die Möglichkeit, Gott durch ihn besser kennenzulernen.

In der Bibel gibt es eine Bandbreite an Erfahrungen: Hannah wurde schwanger, obwohl sie unfruchtbar war, während Michal ihr Leben lang unfruchtbar blieb. Johannes der Täufer wurde ermordet, während Petrus aus dem Gefängnis befreit wurde. Einige erlebten Heilung, andere nicht.

Mein Mann bereitete sich auf eine Predigt in einem Jugendgottesdienst vor, die das Thema Heilung behandelte. Er war es gewohnt, im Namen Jesu für Menschen um Heilung zu beten, wodurch einige geheilt wurden, andere nicht. An diesem Abend war er entschlossen, nicht nur über das Thema zu predigen, sondern direkt für jemanden um Heilung zu beten. Er hatte sogar eine konkrete Vorstellung davon, indem er hoffte, dass jemand mit ungleich langen Beinen anwesend sein würde, um Gottes Heilungskraft zu demonstrieren.

Ich war skeptisch und fragte ihn, woher er eine Person mit diesem speziellen Problem nehmen wollte. Doch er antwortete voller Vertrauen, dass Gott dafür sorgen würde, dass jemand da sein würde. Es sei ja schließlich eine gute Möglichkeit für Gott, die Jugendlichen zu ermutigen.

Wow, dieses Vertrauen beeindruckte mich. Der Abend des Jugendgottesdienstes kam und ich war nervös. Was, wenn sein Versuch fehlschlagen würde? Mein Mann hingegen war vollkommen ruhig. Kurz vor Beginn fand er tatsächlich einen jungen Mann mit einer Beinlängendifferenz.

Nach der Predigt über Heilung betete mein Mann im Namen von Jesus für Heilung und das kürzere Bein wuchs vor den Augen der Jugendlichen auf dieselbe Länge wie das andere. Inspiriert von dem Erlebnis, dass Gott heilt, beteten sie füreinander für diverse körperliche Beschwerden.

Während mein Mann schon viele Heilungszeugnisse erleben durfte, bleibt er selbst mit einer körperlichen Beschwerde zurück. Schon mehrmals haben diverse Menschen für ihn um Heilung gebeten, aber Gott hat ihn bis heute nicht geheilt.

Der Glaube fordert von uns zu vertrauen, auch wenn wir nicht alles verstehen. Der Glaube verspricht uns, dass wir wie Christus auferstehen und ein Erbe empfangen werden.

Der Glaube sagt uns, dass Gott gerecht ist und alles Unrecht richtigstellen wird.

Es gibt Leid, das wir als Chance ergreifen können, um als Person zu wachsen und Gott näher zu kommen. Dann aber gibt es auch Leid, das uns als sinnlos erscheint. Die Versuchung, uns von Gott abzuwenden, wenn wir keine befriedigende Antwort finden, ist groß. Trost und Geborgenheit sind aber nur in Gottes Gegenwart zu finden. Jemand hat dies einmal treffend auf den Punkt gebracht:

*„Wenn wir uns im Leid von Gott abwenden,*
*würden wir den Ast absägen, auf dem wir sitzen."*

Wenn Christen leiden, erleben sie trotz allem Gottes Güte und Liebe.
Der chinesische Christ Bruder Yun hat über Jahre hinweg massive Verfolgung und Folter erlebt. Er sagte:

*„Durch all diese Erlebnisse hindurch hatte Gott sich als treu und liebevoll erwiesen. Nie hatte er mich verlassen. Seine Gnade war immer genug für mich und er hat für alle meine Bedürfnisse gesorgt. Ich habe nicht für Jesus im Gefängnis gelitten. Nein! Ich war mit Jesus zusammen im Gefängnis und erlebte jeden Tag seine sehr reale Gegenwart, seine Freude und seinen Frieden. Nicht diejenigen leiden, die um des Evangeliums willen im Gefängnis sitzen, sondern der Mensch leidet, der niemals Gottes persönliche Gegenwart erlebt."*[9]

Glaube sagt „Ja" zu Gott, auch wenn wir nicht alles verstehen.
Glaube trotzdem.

## Gebet:

*Vater, gib mir die Kraft, am Glauben festzuhalten, auch wenn ich nicht alles verstehe. Begegne mir in meinen Fragen und Schwierigkeiten und hilf mir, mich ganz auf dich auszurichten. Sei du die Hand, die mich in allem festhält. Auf dich verlasse ich mich.*
*In Jesu Namen, Amen.*

## Frage zum Nachdenken:

Was hilft dir dabei, durch alles hindurch an Gott festzuhalten?

# Nach dem Kreuz kommt die Auferstehung

Jesu Weg zum Kreuz war von fürchterlichem Leid geprägt. Es war ein Weg voller Verrat und Schläge körperlicher und emotionaler Art. Gott selbst beschritt den Weg des Leides, auf dem einige von uns gerade unterwegs sind. Er versteht es; er weiß, wie es ist.

Als Sohn Gottes war er dafür besser ausgerüstet, mag man sagen. Jedoch steht in Matthäus 26,37, dass er sehr traurig war und schreckliche Angst hatte. Er spürte dieselben Emotionen, die wir auch erfahren. Er hatte Angst, war traurig und verzweifelt, als er Gott bat, dass der Kelch an ihm vorübergehen möge (Matthäus 26,39).

Wie konnte Jesus im Angesicht dieser schmerzhaften Situation standhalten? Was gab ihm Kraft, diese schlimme Zeit durchzuhalten? Jesus wusste, dass der Schmerz nicht ewig andauern würde. Er hatte Hoffnung, dass, wenn er auf diesem Weg weitergehen würde, seine Situation im Sieg enden würde: Der Auferstehung.

Jesus hatte die Hoffnung, wieder auf dem Thron bei seinem Vater Platz nehmen zu können (Matthäus 26,64). Wenn wir leiden, leidet Jesus nicht einfach nur mit uns mit, sondern er hat auch den Sieg für uns errungen:

*Wir danken Gott, der uns durch Jesus Christus, unseren Herrn, den Sieg über die Sünde und den Tod gibt*! 1. Korinther 15,57

Darauf hoffen und vertrauen wir.

Der Teufel dachte, dass er Jesus am Kreuz besiegt hätte. Der Sohn Gottes schien tot zu sein. Aber Gottes Antwort darauf war die Auferstehung.

Unser Leid und jede Ungerechtigkeit auf der Erde wird im Sieg enden, und zwar in der Auferstehung. Wir leben in einer Zwischenzeit. Zwischen dem Paradies und der Ewigkeit. Wir leben zwischen zwei Berggipfeln, in einem Tal, auf dieser Erde.

Die gesamte Schöpfung steht unter einem Fluch. Das reicht von einzelnen Taten von Menschen, bis hin zu Naturkatastrophen sowie Unfällen, an denen kein Mensch Schuld hat. Die ganze Schöpfung sehnt sich danach, dass Gott sie wiederherstellt.

Das ist die Perspektive, mit der auch die ersten Christen lebten. Das Kreuz war etwas, das sie täglich lebten und die Auferstehung war ihre beständige Hoffnung und Perspektive. Es ist eine der stärksten Zusagen Gottes, die Realität werden wird.

Schon jetzt erleben wir aber immer wieder Momente des Kreuzes und der Auferstehung im metaphorischen Sinne. Gott kann sich längst aufgegebenen Träumen, zerbrochenen Beziehungen und zerschlagenen Hoffnungen annehmen und sie durch seine Kraft und auf seine Art und Weise zum Leben erwecken (Epheser 3,20). Noomi erlebte, wie Gott ihr ein neues Zuhause und einen Enkel schenkte. Josef erlebte Versöhnung und die Erfüllung seines Versprechens.

Die gesamte Bibel deutet auf Jesus hin, auf seinen Tod und seine Auferstehung. Unser Leben verläuft in Richtung Tod und Auferstehung. Unser Leben läuft auf eine heile und erfüllte Zukunft hin:

*„Dann sah ich einen neuen Himmel und eine neue Erde, denn der alte Himmel und die alte Erde waren verschwunden. Und auch das Meer war nicht mehr da.*
*Und ich sah die heilige Stadt, das neue Jerusalem, von Gott aus dem Himmel herabkommen wie eine schöne Braut, die sich für ihren Bräutigam geschmückt hat.*
*Ich hörte eine laute Stimme vom Thron herrufen: „Siehe, die Wohnung Gottes ist nun bei den Menschen! Er wird bei ihnen wohnen und sie werden sein Volk sein und Gott selbst wird bei ihnen sein.*
*Er wird alle ihre Tränen abwischen, und es wird keinen Tod und keine Trauer und kein Weinen und keinen Schmerz mehr geben. Denn die erste Welt mit ihrem ganzen Unheil ist für immer vergangen.“* Offenbarung 21,1-4

Ich bete, dass die Person, die missbraucht wurde, mit ihrer Wut, Scham und ihrem Schmerz zu Gott geht. Ich bete, dass sie für ihre Zukunft kämpft und darum ringt, Gottes Güte zu sehen.

Ich bete, dass die Person, die als Kind von ihrem Vater verlassen wurde, Gott sucht und den steinigen Weg der Vergebung und inneren Heilung beschreitet.

Ich bete für die Familie, die ihre Heimat aufgrund eines Krieges verlassen musste, dass sie nicht bitter werden, sondern für Frieden und Liebe in ihrem Leben kämpfen.

Ich bete, dass die Person, die an ihrem Leid zu zerbrechen droht, in der Gewissheit des Sieges kämpft und sich ganz an Gott klammert.

Ich bete, dass sie an Gottes Liebe und Gerechtigkeit festhalten, auch wenn ihre Herzen schmerzen und die Belastungen drücken. Ich bete, dass sie alle eine Auferstehung und Wiedergutmachung erleben werden, sei es im jetzigen oder zukünftigen Leben.

In diesem Leben befinden wir uns in einem ständigen Kampf. Wir sind aufgerufen zu kämpfen, und zwar in einem Kampf, in dem uns der Sieg gewiss ist:

*Denn die Kinder Gottes besiegen diese Welt; sie siegen durch den Glauben an Christus.* 1. Johannes 5,4

## Gebet:

*Vater, du siehst das Kreuz, das ich selbst oder einige Menschen in meinem Umfeld gerade tragen. Du siehst, mit was sie konfrontiert werden und das Leid, das sie erleben. Leg uns deine Hoffnung in unsere Herzen. Stärke unsere Hoffnung auf die Auferstehung, die unser gesamtes Leben trägt. Sei du unsere Kraft und unsere Zuversicht. In Jesu Namen, Amen.*

## Frage zum Nachdenken:

Wie kannst du heute jemanden ermutigen, der sich gerade in einem Kampf befindet und Mühe hat, sich über Wasser zu halten? Wie kannst du dich selbst ermutigen, falls du gerade eine schwierige Zeit durchmachst?

# Die Herrschaft von Jesus Christus

Der griechische Begriff für „Glaube“, *Pistis,* wird mit Glaube UND Vertrauen übersetzt. Es bedeutet auch Treue und Zuverlässigkeit.

Wir glauben an eine Person, und zwar an Jesus Christus (Römer 10,9-10). Durch den Glauben an Jesus Christus, werden wir gerechtfertigt (Römer 3,28).

Weil Abraham glaubte, dass Gott seine Verheißung wahr machen würde, wurde er gerecht gesprochen (Römer 4,3 / 1. Mose 15,3-6).

*Was ist nun also der Glaube? Er ist das Vertrauen darauf, dass das, was wir hoffen, sich erfüllen wird, und die Überzeugung, dass das, was man nicht sieht, existiert.* Hebräer 11,1

Glaube ist aber nicht einfach nur intellektuell zu verstehen: Sogar die Dämonen glauben, dass Gott existiert (Jakobus 2,19). Der Jakobusbrief führt aus, dass ein Glaube ohne Werke tot ist (Jakobus 2,17-18). Glaube zeigt sich im Inneren in sich verändernden Gedanken, Motiven und Herzen sowie im Außen, in konkreten Taten und guter Frucht (Matthäus 12,33).

Einfach nur zu glauben, dass Jesus unser Retter ist, greift nicht tief genug. Wir müssen ihn kennenlernen und wissen, wer er ist, was er tut und was er möchte. Wir vertrauen auf Jesu Tod, seine Auferstehung und somit auf das Anbrechen von Gottes Reich in dieser dunklen, in Sünde verstrickten Welt. Viele Leute glauben, dass es das Ziel eines Christen sei, in den Himmel zu kommen. Die Evangelien berichten aber, dass Jesus das Königreich Gottes auf der Erde ankündigt und verwirklichen möchte (Matthäus 4,17). Deshalb hat er uns gelehrt zu beten:

*„Dein Reich komme. Dein Wille geschehe, wie im Himmel, so auf Erden.“*
Matthäus 6,10 (ZB)

Jesu Mission war es, die Botschaft vom Königreich Gottes zu verkünden (Lukas 4,43) und nicht, Menschen in den Himmel zu holen.

Wenn Jesus über das „Reich Gottes“, das „Himmelreich“ oder das „Königreich Gottes“ spricht, bezieht er sich dabei auf die Herrschaft Gottes. Es ist der Wirkungsbereich, in dem sich der Wille Gottes verwirklicht. Jesus kündigt ein neues Königreich an, das es im Himmel bereits gibt und nun auf der Erde etabliert wird.

Jesus ist Herr über alle Herrscher und Mächte (Kolosser 2,10). Wir waren tot aufgrund unserer Schuld, aber Gott hat uns mit Christus lebendig gemacht und uns unsere Schuld vergeben (Kolosser 2,13). Paulus nimmt Bezug auf den Auszug aus Ägypten, von dem das Buch 2. Mose berichtet. Gott hat die Israeliten aus der Sklaverei befreit und in die Freiheit geführt. Genau so hat er uns durch seinen Sohn aus den Händen der Mächte dieser Welt befreit (Kolosser 2,20). Gott hat die Herrscher und Mächte dieser Welt entwaffnet, indem er am Kreuz über sie triumphiert hat (Kolosser 2,15).

In dieser Welt herrscht ein Kampf zwischen Gut und Böse. Es gibt die bösen Mächte und Menschen, die diesen Mächten entsprechend Böses tun oder unter ihnen gefangen sind. Davon spricht Paulus:

*Denn wir kämpfen nicht gegen Menschen aus Fleisch und Blut, sondern gegen die bösen Mächte und Gewalten der unsichtbaren Welt, gegen jene Mächte der Finsternis, die diese Welt beherrschen, und gegen die bösen Geister in der Himmelswelt.* Epheser 6,12

Wenn Menschen Böses tun, geht es um so viel mehr als bloß das, was wir sehen können. In dieser Welt wirken böse Mächte sowie gute und wir sind in einem ständigen Kampf dazwischen. Deshalb werden wir auch aufgefordert, unsere geistliche Waffenrüstung anzuziehen (Epheser 6,13ff.)

Die Bibel ist voll von Stellen und Metaphern, die über diesen geistlichen Kampf berichten. Wir sollen das Böse mit Gutem überwinden (Römer 12,12). Wir kämpfen mit den Waffen Gottes und nicht mit weltlichen Waffen (2. Korinther 10,4-5).

Durch Jesus Christus hat Gott das Böse überwunden. Er hat den Sieg über die Sünde und den Tod erreicht, an dem wir durch Christus Teil haben.

In diesen Sieg dürfen wir eintreten und darin leben:

*Wir danken Gott, der uns durch Jesus Christus, unseren Herrn, den Sieg über die Sünde und den Tod gibt*! 1. Korinther 15,57

Wir leben in unserem Glaubensleben im Sieg, und zwar kontinuierlich und anhaltend. Das verrät ein Blick in die altgriechische Grammatik. Das Neue Testament wurde auf Koinegriechisch, der damaligen Umgangssprache in dieser Region, verfasst: Die Zeitformen dieser antiken Sprache funktionieren anders als unsere heutige deutsche Sprache. Wir fragen danach, „wann“ etwas geschehen ist (Vergangenheit, Gegenwart, Zukunft), während das Koinegriechisch daran interessiert ist, „wie“ etwas geschieht (z.B. anhaltend, sich entwickelnd, abgeschlossen, Beginn oder Ende einer Handlung).

Paulus drückt in diesem Vers bewusst aus, dass dieser Sieg, den Gott durch Jesus am Kreuz und durch die Auferstehung errungen hat, anhält. Das mag sich wie eine feine Nuance anhören. Doch die Sprache macht einen deutlichen Unterschied, da sie ausdrückt, dass dieser Siegeszug über die Sünde und den Tod auch heute und in Zukunft noch weiterwirkt. Der Sieg ist andauernd – von Sekunde zu Sekunde.

Nicht wir erringen diesen Sieg, sondern Gott. Und zwar für uns. Dieser Sieg bezieht sich auf die Vergangenheit, nämlich auf die Auferstehung Jesu, sowie auf die Zukunft, also auf unsere Auferstehung. Zudem ist dieser Siegeszug über die Sünde eine gegenwärtige Realität, in der wir leben können. Wir unterstehen nicht mehr der Macht des Todes und der Sünde, sondern Gottes Gnade, weil sich sein Sieg kontinuierlich in unserem Leben verwirklicht.

Aus dieser Kraft heraus leben wir im Glauben. Aus diesem Sieg heraus leben wir Gottes Willen entsprechend. In diesen Sieg dürfen wir eintreten und uns davon verändern lassen.

## Gebet:

*Vater, danke, dass du durch Jesus Christus den Sieg für mich errungen hast. Die Sünde und der Tod haben keine Macht mehr über mich, sondern ich bin bereits den Schritt vom Tod ins Leben gegangen (Johannes 5,24). Hilf mir, mit ganzem Herzen in diesen Sieg einzutreten und darin zu leben.*
*In Jesu Namen, Amen.*

## Frage zum Nachdenken:

Wie beschreibt Jesus in den Evangelien das Reich Gottes?

# Unter Gottes Herrschaft leben

Wenn wir uns zu Jesus Christus bekennen, stellen wir uns unter seine Herrschaft und leben dementsprechend als Bürger vom Reich Gottes. Wenn wir uns nach Gottes Geboten richten, bringen wir Ordnung in unser Leben, wodurch viele Probleme verschwinden. Wenn wir vergeben, anderen helfen, nicht mehr nach der Meinung anderer Menschen leben und Gott gehorchen sowie ihn anbeten, werden wir immer mehr zu der Person, die Gott sich gedacht hat, als er uns erschaffen hat. Das eigene Leben wird mit Liebe und Frieden erfüllt, wenn wir uns an Gottes Willen ausrichten. Wenn man sich zu Jesus bekennt, arbeitet Gott mit uns zusammen auf das Gute in uns und um uns herum, hin.

Unsere Mission ist es, uns vom Heiligen Geist leiten zu lassen und unsere Berufung wahrzunehmen, sodass sein Königreich dort etabliert werden kann, wo wir uns gerade befinden.

Gott hat sich dazu entschieden, die Welt wieder ins Lot zu bringen. Aber dazu schickt er nicht Panzer und Bomben ins Kriegsgebiet, sondern Menschen, die demütig und sanftmütig sind und um ihre Abhängigkeit von Gott wissen. Er befähigt Menschen, die den Frieden suchen und sich für die Gerechtigkeit einsetzen (Matthäus 5).[10]

Die christliche Gemeinde ist das Licht der Welt. Gott hat sich dazu entschieden, durch uns Menschen zu wirken und mit uns zusammenzuarbeiten, damit sich seine Liebe und Gnade in der Welt ausbreiten. Gott selbst verwirklicht sein Reich und wir sind Mitarbeiter und Teilhaber in dem großen Werk, das er auf der Erde vollbringen möchte.

*Deshalb bleibt fest und unerschütterlich im Glauben, liebe Freunde, und setzt euch mit aller Kraft für das Werk des Herrn ein, denn ihr wisst ja, dass nichts, was ihr für den Herrn tut, vergeblich ist.* 1. Korinther 15,58

Was auch immer wir jetzt gerade für Gott tun, wird ewig bestehen. Wenn wir in unserer Familie oder Kirche dienen, einem Kollegen bei der Arbeit aushelfen, für jemanden beten oder einfach nur unsere Begabungen ausleben, bauen wir das Reich Gottes. Unser Beitrag ist wichtig! Das, was wir für Gott tun, wird ewig Bestand haben, weil es schon jetzt ein Teil von Gottes neuer Schöpfung ist.

Das Königreich ist dort sichtbar, wo Gottes Herrschaft nachweisbar ist. Wo das Evangelium erzählt wird, Sünden vergeben werden und Unterdrückte freigesetzt werden. Wo Menschen geheilt und wiederhergestellt werden, Vergebung ausgesprochen wird, die Armen genug zu essen bekommen, Gewalt aufhört und Frieden regiert, wird Gottes Königreich etabliert. Einfach gesagt: Das Bild, das in der Bergpredigt gezeichnet wird, ist das Leben unter der Herrschaft Gottes.

Der Theologe NT Wright erklärt, dass das, was wir an Gottes Wirken wie z.B. Versöhnung, Nächstenliebe, Heilung und ähnliches, beobachten können, auf das hindeutet, was noch kommen wird. Es ist wie ein Wegweiser, der ankündigt, dass sich ein Dorf in einer bestimmten Richtung befindet. Auf dieselbe Art und Weise deutet uns der Heilige Geist auf die Zukunft hin. Das Werk, das Gott jetzt schon in und um uns herum vollbringt, ist ein wichtiger Bestandteil des Zukünftigen.[11]

Im Glauben an Jesus Christus und sein Erlösungswerk sowie im Vertrauen darauf, dass Gottes Verheißungen in Bezug auf unser geistliches Erbe und die Auferstehung wahr werden, leben wir im Reich Gottes.

Unser gesamtes Leben, alles, was wir sind und tun als Christen, basiert auf dem Vertrauen in Gott, dass sein Wort wahr ist. Wir werden aufgefordert, auf das Unsichtbare zu schauen:

*So sind wir nicht auf das Schwere fixiert, das wir jetzt sehen, sondern blicken nach vorn auf das, was wir noch nicht gesehen haben. Denn die Sorgen, die wir jetzt vor uns sehen, werden bald vorüber sein, aber die Freude, die wir noch nicht gesehen haben, wird ewig dauern.* 2. Korinther 4,18

Das Königreich Gottes ist jetzt präsent und gleichzeitig eine Vision der Zukunft. Wir erleben Ausschnitte der neuen Realität hier auf der Erde.

In dieser noch ausstehenden Zukunft werden Himmel und Erde vollständig aufeinandertreffen und Gott wird sein Königreich vollkommen entfalten.

Das ist unsere Hoffnung als Christen: Wir werden nicht nur ewiges Leben in der Gegenwart Gottes genießen, sondern wir können jetzt schon ein Stück Himmel auf Erden erleben. Schon jetzt wirkt Gottes Gnade und Güte in unserem Leben. Schon jetzt verwirklicht Gott sein Reich voller Liebe in und durch uns.

Die Freiheit und Liebe, die wir jetzt erleben, ist nur ein Vorgeschmack auf das, was in der Zukunft kommen wird. Am Ende der Zeit werden wir vollständig erlöst und mit einem verwandelten Körper auferweckt werden (Philipper 3,20-21) und Gott wird die gesamte Schöpfung erneuern (Römer 8,19-21).

## Gebet:

*Vater, danke für dein Reich. Danke, dass ich Teil von deinem Reich sein darf und dass mein Beitrag wertvoll ist. Verwirkliche dein Königreich in und durch mich, sodass ich mehr von deinem Wirken erleben darf.*
*In Jesu Namen, Amen.*

## Fragen zum Nachdenken:

Wie kannst du konkret in deinem Leben das Reich Gottes bauen?
Wie kannst du deine Begabungen anwenden, für wen kannst du beten?
Wo kannst du dich einbringen oder was kannst du im Dienst an Gott selber aufbauen?

# Gericht als Hoffnung

Das Buch der Offenbarung bereitet Christen, Theologieprofessoren und vielen anderen Menschen Kopfzerbrechen. Was hat sich Gott bloß dabei gedacht, dieses Buch in die Bibel zu integrieren? Das habe ich mich auf jeden Fall schon oft gefragt. Und dennoch gibt es wiederholt Erstaunliches zu entdecken.

Ich denke an die Stelle mit den sieben Posaunen (Offenbarung 8-11). Die ersten sechs Posaunen gehen einher mit viel Aktivität, Zerstörung, Tod und ähnlichem. Doch nachdem die ersten sechs Posaunen erschallen, tritt ein mächtiger Engel auf und sagt:

*„Sondern wenn der siebte Engel seine Posaune erklingen lässt, wird Gottes verborgener Plan erfüllt werden. Es wird genau so geschehen, wie er es seinen Dienern, den Propheten, verkündet hat."* Offenbarung 10,7

Gottes Plan wird also mit der siebten Posaune erfüllt werden. Alles läuft auf diese siebte Posaune hinaus. Dort wird es zu einer Vollendung kommen. Als dann der siebte Engel schließlich in die siebte Posaune blies, geschah überhaupt nichts Spezielles, verglichen mit dem Feuer, Hagel, Heuschrecken und Sternen, die vom Himmel fielen, etc. Es folgte eine Proklamation:

*Dann blies der siebte Engel in seine Posaune, und laute Stimmen riefen im Himmel: „Die ganze Erde ist jetzt zum Reich unseres Herrn und seines Christus geworden, und er wird in alle Ewigkeit herrschen." Offenbarung 11,15*
*Die Vollendung des Geheimnisses Gottes, das, worauf alles hinausläuft, ist die Herrschaft Christi in alle Ewigkeit. Seine Herrschaft ist ein Grund zur Freude, Dankbarkeit und Lobpreis* (Offenbarung 11,16-17).

Gott hat schon immer über seine Schöpfung geherrscht. Hier bedeutet die Einsetzung Christi als Herrscher über die Königreiche der Welt, dass das Leid für die Menschen, die zu Gott gehören, ein Ende haben wird.

Nun kommt die Zeit für die Gerechtigkeit, das Ende der Zeit. Alle, die Gott gedient haben, werden belohnt werden (Offenbarung 11,18-19).

Es gibt viele Menschen, die in Gedanken an ein Gericht erschaudern. Wie kann ein guter Gott die Menschen richten? Der bekannte britische Theologe NT Wright formuliert es folgendermaßen:

*Wir müssen uns daran erinnern, dass Gottes kommendes Gericht in der Bibel, nicht zuletzt in den Psalmen, durchgängig eine gute Sache ist, etwas, das es zu feiern gilt, nach dem man sich sehnt und verzehrt. In einer Welt von systematischer Ungerechtigkeit, Tyrannei, Gewalt, Arroganz und Unterdrückung ist der Gedanke, dass ein Tag kommen könnte, an dem die Bösen mit Nachdruck in die Schranken gewiesen werden und an dem den Armen und Schwachen gegeben wird, was ihnen gebührt, die beste Nachricht, die es geben kann. Angesichts einer Welt in Rebellion, einer Welt voller Ausbeutung und Bösartigkeit, muss ein guter Gott ein Gott des Gerichts sein.*[12]

Beim zukünftigen Gericht, wie auch immer das aussehen mag, geht es darum, dass Gott die Welt ein für alle Mal ins Gleichgewicht bringen wird, indem er Gerechtigkeit durchsetzt. Ins Zentrum rückt die Liebe Gottes zu seiner gesamten Schöpfung. Menschen, die unterdrückt wurden, ungerechterweise gelitten haben oder für ihren Glauben verfolgt wurden, erhalten ihr Recht. Somit werden auch wir persönlich Gerechtigkeit erfahren. Gott ist treu und belohnt alle, die zu ihm halten.

Gott ist nicht der Urheber des Bösen. Denn es heißt:

*Das ist die Botschaft, die er uns gegeben hat, damit wir sie euch weitersagen: Gott ist Licht; in ihm ist keine Finsternis.* 1. Johannes 1,5

Die griechische Wendung in diesem Vers betont durch eine doppelte Negation, dass Gott kein einziges Stück Dunkelheit in sich trägt: Keine Sünde, kein Tod, keine Lügen, nichts Falsches ist in Gott zu finden. Gott kann uns gar kein Unrecht antun, weil sein Wesen durch und durch die Liebe ist, die niemandem Schaden zufügt (Römer 13,10). In der Bibel wird das Böse, die Sünde und schlechte Taten oftmals als Dunkelheit bezeichnet, während alles Gute Licht genannt wird. Gott kann nicht der Urheber von Sünde sein (Jakobus 1,13), weil er durch und durch Licht ist (Johannes 3,19).

Es wird eine Zeit kommen, in der jede Dunkelheit, alles Böse, ausgelöscht werden wird:

*Und es wird dort keine Nacht mehr geben – man wird weder Lampen noch das Licht der Sonne brauchen –, weil der Herr, Gott, über ihnen leuchten wird. Und sie werden für immer und ewig herrschen.* Offenbarung 22,5

Es wird eine Zeit kommen, in der alles ans Licht kommen wird und alles Falsche richtiggestellt wird. Dostojewski, ein herausragender russischer Schriftsteller des 19. Jahrhunderts, der bekannt für seine tiefgründigen psychologischen und theologischen Gedanken war, drückt es mit berührenden Worten aus:

*„Ich glaube wie ein Kind daran, dass das Leiden geheilt und ausgeglichen wird, dass die demütigende Absurdität menschlicher Widersprüche verschwinden wird wie eine erbärmliche Fata Morgana, wie die verachtenswerte Erfindung des impotenten und unendlich kleinen euklidischen Verstandes des Menschen, dass in der finalen Welt, im Moment der ewigen Harmonie, etwas so Kostbares geschehen wird, dass es für alle Herzen ausreichen wird, zur Beruhigung aller Grollgefühle, zur Sühne für all die Verbrechen der Menschheit, für all das Blut, das vergossen wurde; dass es nicht nur möglich machen wird zu vergeben, sondern auch alles zu rechtfertigen, was geschehen ist."*

Es wird eine zukünftige Welt kommen, in der das Leid geheilt und wieder gut gemacht werden wird. Unsere menschlichen Widersprüche werden verschwunden sein und das herrliche Licht des einzig wahren Gottes wird uns erfüllen.

## Gebet:

*Vater, du siehst, wie ich unter der Ungerechtigkeit dieser Welt und meinen eigenen Schwierigkeiten leide. Du siehst alles und du hast einen Plan, wie du das Böse ein für alle Mal auslöschen und Gerechtigkeit schaffen wirst. Hilf mir, an dieser Hoffnung festzuhalten und mit Blick auf die Ewigkeit zu leben. In Jesu Namen, Amen.*

## Frage zum Nachdenken:

Gibt es Situationen in deinem Leben, die du im Blick auf die Ewigkeit neu deuten kannst?

# Gottes Wille und seine Berufung für unser Leben

## Unsere Berufung

Berufung: Alle fragen danach. Was ist meine Berufung? Wie finde ich meine Berufung? Schöpfer, wofür hast du mich geschaffen?
In Matthäus 22,37-40 hat Jesus die Berufung benannt, die für uns alle gilt:

Liebe Gott.
Liebe deinen Nächsten.
Liebe dich selbst.

Illustriert nicht die Bibel, wie das im Kleinen und Großen auszusehen hat? Ist das Liebesgebot nicht die Zusammenfassung des Gesetzes und der Propheten?

Was ist mit den schönen, tollen, großartigen Berufungen?
Was wäre eine konkrete Berufung, wenn die Grundlage der Liebe nicht gelegt wäre, wie Paulus in 1. Korinther 13 ausführt? Paulus beschreibt diverse Gaben in Kapitel 12 und folgert, dass die Ausübung von jedem Talent, ja eigentlich jeder Berufung, NICHTS ist, wenn man keine Liebe hat.

*Liebe Gott.*
*Liebe deinen Nächsten.*
*Liebe dich selbst.*

Diese Worte sind wie ein Refrain, der den Song unseres Lebens anleiten soll. Die Lyrics, alles, fügt sich dem Refrain, um ihm zu entsprechen, ihn zu verdeutlichen und bis ins Kleinste zu durchdringen.

Ist nicht der Refrain das Zentrale, der Grund, der gelegt sein muss, damit der Song in sich stimmig ist? Bevor wir über Berufung reden können, muss die Grundlage, die Liebe, gelegt sein.

Vielleicht möchte Gott genau hier im Fragen nach und im Wachsen in der Berufung das Fundament legen. Jetzt hier im Alltag, wo es unzählige Momente gibt, den Refrain einzuüben, zu festigen und die restlichen Lyrics zu sammeln.

Manchmal verkomplizieren wir Christen das Thema Berufung. Wir fragen uns, was genau Gott von uns hier und jetzt möchte. Dabei ist es ziemlich einfach:

*Liebe Gott.*
*Liebe deinen Nächsten.*
*Liebe dich selbst.*

Ist es nicht so, dass, wenn man zuerst nach Gottes Reich trachtet, alles andere hinzugefügt wird?

Kann nicht auch die Berufung gegeben und offenbar werden, wenn sein Reich das wichtigste Anliegen ist? Vertrauen wir Gott darin?

Gewinnen wir unser Leben nicht gerade dann, wenn wir es für IHN, für die Liebe, aufgeben? Vertrauen wir, dass Gottes Wort wahr ist?

*Liebe Gott.*
*Liebe deinen Nächsten.*
*Liebe dich selbst.*

Während man in seiner wahren Bestimmung, in der Liebe, lebt und sich darin bewegt, wird der Raum immer größer und weiter und ehe man sich versieht, lebt man in seiner Berufung und erkennt: Gott hat mich hierhergeführt. Und dabei findet man vielleicht nicht mal einen konkreten Platz an einem konkreten Ort, sondern man realisiert: „Andere zu ermutigen, das ist es!“ oder „Anderen das Evangelium zu erzählen; dabei geht mir das Herz auf und es liegt mir.“

Einige finden ihre konkrete Berufung in einem Beruf und wieder andere merken, dass sich ihre Berufung im Laufe des Lebens wandelt und verändert. Im optimalen Fall kann man in seinem Beruf seine Berufung ausleben. Einige finden in der Wirtschaft, im sozialen Bereich, in der Politik, im Handwerk, im Kirchlichen oder Kreativen ihren Bereich, wo sie ihre Gaben ausleben können.

Manche Menschen leben bereits in ihrer Berufung, haben aber Mühe damit, sie anzuerkennen. Lange Zeit war ich der Überzeugung: „Ich bin nicht so der Kinder-Typ." Das Schreiben und andere Tätigkeiten schienen mir naheliegende Aspekte meiner Berufung zu sein, da sie auch meinen Gaben entsprechen. Es dauerte eine Weile, bis mir bewusst wurde, dass Gott mich auch zum Mama-sein berufen hat und das ein wichtiger Teilaspekt meiner Berufung ist. Manchmal ist die Berufung nahe, man sieht sie nur nicht klar.

*Liebe Gott.*
*Liebe deinen Nächsten.*
*Liebe dich selbst.*

Andere haben Mühe, in ihrem vollen Potenzial zu leben. Unerwartet traf ich meinen ehemaligen Arbeitskollegen Tom auf dem Spielplatz. Es war schon über zehn Jahre her, seit wir uns das letzte Mal gesehen hatten. Tom arbeitete immer noch in derselben Firma, in der gleichen Abteilung und hatte immer noch die gleiche Position als Sachbearbeiter inne.

Ich erinnerte mich gut an Tom, denn er war sehr talentiert darin, mit Menschen zu kommunizieren und hatte eine natürliche Führungsgabe. Unzählige Male wurden ihm zurecht Positionen mit mehr Verantwortung angeboten und wiederholt lehnte er ab. Nun stand er mir auf dem Spielplatz gegenüber und war noch immer dieselbe beliebte und angesehene Person und lebte noch immer weit unter seinen Begabungen und Möglichkeiten. Manchmal hindert uns die Angst vor Veränderung oder dem Scheitern daran, unsere von Gott gegebenen Talente zu entfalten. Bei anderen ist es gerade die Angst, sich für eine bestimmte Laufbahn zu entscheiden und damit die Türen für andere Berufsrichtungen zu schließen, die sie daran hindert, eine Entscheidung zu treffen. Eine Berufung ist oft kein festgelegtes Ziel, sondern ein Weg, der sich entwickelt mit jedem Schritt der Liebe, den wir gehen.

*Liebe Gott.*
*Liebe deinen Nächsten.*
*Liebe dich selbst.*

Das Gleichnis von den Talenten (Matthäus 25,14-30) zeigt, dass Gott uns Gaben gegeben hat, von denen er möchte, dass wir in die Welt hinausgehen und sie aktiv zu seiner Ehre nutzen. Seine Gaben zu suchen und sie auszuleben, kann ein ganz schönes Abenteuer sein, das Vertrauen erfordert.

*Liebe Gott.*
*Liebe deinen Nächsten.*
*Liebe dich selbst.*

Zeile für Zeile fügen sich zum Refrain zusammen, schreiben einen Song, der ein ganzes Leben umfasst. Bei einer Berufung geht es nicht wirklich um uns, sondern um die Menschen auf der anderen Seite, die durch uns gesegnet werden. Es ist ein Liebeslied, das von der einzig wahren Liebe singt, nicht nur in Worten, sondern auch in Taten. Es wird nicht für unsere eigenen Ohren geschrieben, sondern für die Ohren anderer, für die die Gaben ursprünglich erschaffen wurden. Aber auch der Sänger freut sich am Singen, dem Ausleben seiner Begabung, und der Komponist genießt sein Werk.

## Gebet:

*Vater, danke dass du mir Gaben geschenkt hast, durch die ich am Reich Gottes bauen kann. Hilf mir, den Grund hinter allem Talent, das Fundament der Liebe zu stärken und auszubauen. Gib mir ein Herz, das die rechten Motive in sich trägt und in allem die Liebe an die erste Stelle setzt.*
*In Jesu Namen, Amen.*

## Frage zum Nachdenken:

Wie kannst du das Liebesgebot ganz praktisch in deinem Leben ausleben?

# Gottes Wille und unsere spezifische Berufung

Was ist überhaupt Gottes Wille für unser Leben? Er möchte, dass wir Jesus Christus als unseren Herrn und Retter annehmen, indem wir an ihn glauben (Römer 10,9). Das bedeutet, dass wir Teil von Gottes Familie und seinem Reich werden und Anteil am Erbe Christi haben. Unsere Sünden sind uns vergeben und wir wurden in den Herrschaftsbereich Gottes, in sein Königreich versetzt, was durch die Gnade möglich wird. Als Bürger des Reiches Gottes, sollen wir dementsprechend ein vorbildliches Leben führen, indem wir uns in Wort und Tat am Liebesgebot ausrichten (Matthäus 22,36-40).

Gott möchte, dass wir das Geschenk der Gnade annehmen und in seiner Liebe leben. Denn er hat gute Absichten für unser Leben (Römer 8,28 / Jeremia 29,11). Gott möchte das, was gut für uns ist:

*Wenn ihr, die ihr Sünder seid, wisst, wie man seinen Kindern Gutes tut, wie viel mehr wird euer Vater im Himmel denen, die ihn darum bitten, Gutes tun.*
Matthäus 7,11

Indem wir uns auf den Weg machen, Gott im Kleinen und Großen zu dienen, erkennen wir mehr und mehr, welchen spezifischen Teil wir dazu beitragen können, in unserer Zeit und unserem Umfeld Gottes Reich zu bauen und somit eine Berufung auszuleben. Es ist wichtig, dass wir Verschiedenes ausprobieren und uns somit auf die Suche nach unseren spezifischen Begabungen machen.

Wir sind dazu berufen, einer bestimmten Tätigkeit nachzugehen. Schon in 1. Mose 4,2 heißt es, dass Abel ein Schafhirte und Kain ein Bauer war. Der Wunsch danach, einer konkreten Aufgabe nachzugehen und darin aufzublühen, ist tief in uns Menschen angelegt. Eine Berufung hat also zwei Teilaspekte. Das Fundament bildet das Liebesgebot und darauf baut Gott mit jedem Menschenleben ein eigenes, individuell gestaltetes Haus. Dieses Haus bauen wir mit Hilfe unserer Begabungen, die uns geschenkt wurden und mit denen wir Gott und Menschen dienen können (Römer 12,6-8 / 1. Korinther 12,8-11 / 1. Petrus 4,10-11).

Anhand von diversen biblischen Geschichten können wir erkennen, dass Gott Menschen konkrete Lebensaufgaben gibt. Dazu gehören Abraham, Mose, David oder Joseph. Ihnen hat Gott zukünftige Ereignisse angekündigt und sie für einen bestimmten Lebensweg berufen. Es ist wichtig, dass wir Träume für unser Leben, die tief in unseren Herzen verankert sind, ernst nehmen. Gott gibt uns auch heute noch Visionen für unser Leben und legt Berufungen in unsere Herzen hinein.

Nach dem Lesen dieser biblischen Geschichten können wir in der Rückschau erahnen, dass Gott Ereignisse und Menschen geführt hat, auch wenn uns die genauen Hintergründe seines Wirkens verborgen bleiben. Gottes Führung wirkt dynamisch, da es wiederholt zu unvorhergesehenen Richtungsänderungen kommt. Gleichzeitig wirkt er konstant, da eine klare Intention und Zielrichtung hinter den Lebenswegen dieser Menschen zu erkennen ist.

Wie und weshalb gewisse Wendungen im Leben dieser biblischen Gestalten geschehen, ist für uns nicht immer ersichtlich. Klar ist aber, dass diese Menschen nah bei Gott blieben, seine Gegenwart und Führung wiederholt aufsuchten und nach seinem Willen zu leben versuchten. Die Basis dafür bildete die persönliche Beziehung zu Gott.

Wenn wir unser Leben Jesus übergeben und uns seiner liebenden Herrschaft unterstellen, führt uns Gott.

*Ein Psalm Davids. Der Herr ist mein Hirte, ich habe alles, was ich brauche. Er lässt mich in grünen Tälern ausruhen, er führt mich zum frischen Wasser. Er gibt mir Kraft. Er zeigt mir den richtigen Weg um seines Namens willen.*
Psalm 23,1-3

Ohne den Hirten wüsste ein Schaf nicht, wohin es gehen sollte und wäre seinen Feinden hilflos ausgeliefert. Der Hirte sagt seinen Schafen nicht: „Schaut, 5 km vor uns liegt eine riesige saftige Weide und frisches Wasser." Nein, denn die Schafe vertrauen ihm. Weshalb? Weil der Hirte um die Bedürfnisse der Schafe weiß, bevor sie diese selbst erkennen (Matthäus 6,8). Sie folgen ihm blind, weil sie wissen, dass er in JEDEM ihrer Lebensbereiche für sie sorgt, auch im Bereich der persönlichen Berufung für ihr Leben.

Du denkst vielleicht: „Na ja, ein Schaf kann den Hirten SEHEN, wie er vor ihm hergeht. Aber ich sehe Gott nicht. Wie kann ich also wissen, wohin ich gehen soll?“

*Meine Schafe hören auf meine Stimme; ich kenne sie, und sie folgen mir.*
Johannes 10,27

Die wenigsten hören Gott durch eine akustische Stimme, die zu ihnen spricht. Viele nehmen den Heiligen Geist auf anderen Wegen wahr (Johannes 14,26). Meistens äußert sich das durch feine Impulse in unserem Inneren, wie zum Beispiel die plötzliche Aufforderung, eine Person zu kontaktieren oder einen sanften Schubs, Geld an eine Organisation zu geben. Oder eine Bibelstelle spricht uns besonders und auf tiefere Art und Weise an. Dabei ist das Sprechen des Heiligen Geistes nie drängend, sondern eher überraschend und offenbarend. Natürlich muss jeder dieser Impulse geprüft werden, ob sie mit Gottes Wort übereinstimmen. Gott spricht aber auch heute noch durch Propheten, andere Menschen, Umstände oder Träume. Dem Reden Gottes sind eigentlich keine Grenzen gesetzt, da er sogar durch einen Esel sprechen kann (4. Mose 22,28). Gottes Reden ist nicht immer gleich und jeder Mensch hat einen anderen Zugang dazu, Gott zu hören.

## Gebet:

*Vater, ich weiß, dass du eine spezifische Berufung für mein Leben hast. Bitte bring die tiefen Wünsche meines Herzens hervor und leite mich. Zeig mir meine Gaben, wie ich sie einsetzen kann und wie ich neue Schritte in meiner Berufung gehen kann. In Jesu Namen, Amen.*

## Frage zum Nachdenken:

Was sind deine Begabungen? Worin bist du gut?

# Gottes Willen erkennen

Es gibt viele verschiedene Möglichkeiten, den Willen Gottes zu erkennen, der auf dem Fundament der Liebe aufbaut. In der letzten Andacht habe ich erwähnt, dass Gott durch innere Impulse, aber auch durch Träume und andere Menschen spricht. Hier sind weitere Tipps, die uns dabei helfen können, Gottes Willen zu erkennen:

**Die Bibel.**
Durch sein Wort sagt uns Gott, wer er ist und was er von uns möchte. Sein Wille wird in Form von Geschichten, Geboten, Gleichnissen, Prophetien, Poesie und Metaphern dargestellt. Wenn wir regelmäßig in der Bibel Wegweisung suchen und sie immer besser kennenlernen, fällt es uns leichter, Gottes Willen in spezifischen Situationen zu erkennen. Wenn unsere Gedanken mit seinem Wort übereinstimmen, erkennen wir, was Gott von uns möchte (Römer 12,2).

**Gemeinschaft mit anderen Gläubigen.**
Die Gemeinschaft mit anderen Gläubigen war von Anfang an ein wesentlicher Bestandteil des Christseins. Schon bei den ersten Gläubigen stand die Gemeinschaft im Mittelpunkt. In der Bibel gibt es so etwas wie Christen, die nicht in einer Gemeinde sind, gar nicht. Gläubig war man immer im Kontext der Gemeinde, des Volkes Gottes. Das ist auch der Ort, wo wir unsere individuellen Stärken und Gaben entdecken und zum Dienst an anderen einsetzen können. Durch diese Gemeinschaft erkennen wir immer klarer, wozu Gott uns berufen hat.

**Hingabe.**
Wenn wir jeden Lebensbereich in Gottes Hände legen, hat er Raum zu wirken und uns seinen Willen für unser Leben aufzuzeigen. Je mehr wir sein Wirken in unserem Leben erkennen und beobachten können, desto mehr erkennen wir seine guten Absichten für uns.

**Offene und geschlossene Türen.**
Falls wir nicht wissen, ob eine bestimmte Stelle, eine Beziehung, ein Haus oder eine bestimmte Sache Gottes Wille für unser Leben ist, können wir ihn darum bitten, die Tür zu schließen, wenn es nicht seinem Willen entspricht. Meiner Erfahrung nach ist es viel effektiver, für geschlossene, anstatt für offene Türen zu beten, da eine geschlossene Tür oft mehr Klarheit verschafft. Wenn wir Gott darum bitten, eine Tür zu schließen und das Gegenteil passiert, die Dinge ergeben sich von selbst oder innerer Friede macht sich breit, ist es sehr wahrscheinlich Gottes Wille für uns.

Oftmals erhalten wir kein glasklares Wort, ein Zeichen oder eine Prophetie, die uns genau sagt, was wir als Nächstes tun sollen. Es ist wichtig, über Entscheidungen zu beten und andere Gläubige, vor allem Christen mit mehr Erfahrung, um Rat zu fragen (Sprüche 11,14). Ein ehrlicher Blick auf unsere Motive offenbart, ob wir einen gewissen Weg aus Angst, Neid, Liebe oder Vertrauen einschlagen.

Ein weiterer Wegweiser kann folgende Frage sein: „Kannst du mit dir selbst leben, wenn du diese bestimmte Sache machst? Wirst du etwas bereuen, wenn du es tust oder nicht tust?“ Wenn man sich vorstellt, wie sich eine bestimmte Entscheidung auf das eigene Leben und das Umfeld auswirken kann, hat man eine klarere Vorstellung von den positiven und negativen Konsequenzen, die ein Schritt in diese Richtung mit sich ziehen kann.

Die Angst davor, eine falsche Entscheidung zu treffen, kann lähmen. Gerade wenn es sich auf die Berufswahl oder ähnlich große Lebensentscheidungen bezieht. Deshalb sollten wir uns genügend Zeit nehmen und nicht überstürzt handeln. Jedoch besteht die Gefahr, in eine Passivität zu verfallen und die Entscheidung hinauszuzögern. Wenn wir uns grundsätzlich vor wichtigen Entscheidungen scheuen, kann es sein, dass spannende Möglichkeiten an uns vorbeiziehen. Selbst wenn wir einen Weg einschlagen, der sich im Nachhinein als unvorteilhaft erweist, ist Gott noch bei uns. Er lässt uns nicht im Stich. Er ist der Gott, der die 99 Schafe zurücklässt, um das eine zu suchen (Lukas 15,3-7). Auch wenn wir eine falsche Entscheidung getroffen haben, wird Gott einen Ausweg schaffen.

## Gebet:

*Vater, öffne meine Ohren für dein Reden. Zeig mir, wie du zu mir sprichst und hilf mir im Alltag deine Führung und dein Wirken zu erkennen. Gib mir Weisheit in Bezug auf Entscheidungen. Hilf mir, meine inneren Motive zu hinterfragen und schick mir Menschen über den Weg, die Wahrheit in mein Leben sprechen. Gib mir den Mut, mit Entschlossenheit zu handeln, selbst wenn ich Rückschläge erfahre.*
*In Jesu Namen, Amen.*

## Frage zum Nachdenken:

Welche Entscheidung steht bei dir gerade an? Was kannst du konkret tun, um eine weise Entscheidung in deiner Situation zu treffen?

# Wen Gott beruft, den befähigt er auch

Die Welt sagt dir, dass du an dich selbst glauben sollst. Aber eigentlich sollst du glauben, dass Gott an dich glaubt. Lies, was Gott vor der Übernahme des verheißenen Landes zu Josua gesagt hat:

*„Ich sage dir: Sei stark und mutig! Hab keine Angst und verzweifle nicht. Denn ich, der Herr, dein Gott, bin bei dir, wohin du auch gehst.“* Josua 1,9

Wie musste sich Josua wohl gefühlt haben, als Gott diese bedeutungsvollen Worte über ihn aussprach? Josua hatte schon miterlebt, wie Gott die Israeliten durch das geteilte Meer und die Wüste geführt hatte. Er wusste: Mit Gott ist alles möglich. Und dieser Gott, mit dem alles möglich ist, befähigt ihn dazu, das verheißene Land einzunehmen.

Gott traut uns etwas zu. So wie er Josua dazu beauftragt hat, die Israeliten anzuführen, gibt er uns auch heute noch Aufgaben. Er ruft uns dazu auf, sein Wort zu verkünden und seinen Namen in der Welt groß zu machen. Gott beruft uns dazu, für andere Menschen da zu sein, von ihm zu erzählen, seine Gemeinde zu bauen, Eltern zu sein oder Berufe auszuüben. Gott ermächtigt und befähigt uns. Das bedeutet nicht, dass wir alles perfekt ausführen können, sondern, dass wir Begabungen erhalten haben, die wir weiterentwickeln dürfen.

Das ist auch das Geheimnis jedes gesunden Selbstvertrauens: Zu wissen, dass wir fähig sind. Und wie könnten wir wirklich glauben, dass wir zu etwas fähig sind, wenn uns nicht der Schöpfer selbst befähigt?

Josua wusste nicht nur, dass er fähig war, sondern kannte auch den, der ihn befähigte. Er hatte erlebt, wie Gott die Ägypter mit Plagen gestraft und Israel befreit hatte. Unter der Führung von Mose hatte Josua gesehen, wie Gott das Meer geteilt und das Volk Israel vor den Ägyptern gerettet hatte. Der damals noch junge Josua hatte beobachtet, wie Gott sich hinter sein Volk stellte und Mose führte und befähigte, seinen Willen auszuführen. Er wusste, was Gott alles tun kann und was es heißt, wenn sich der allmächtige Gott hinter ihn stellt.

Gleich nachdem Josua die ermutigenden Worte von Gott empfangen hatte, gab er Anweisungen und bereitete die Überquerung des Jordans vor:

*Daraufhin befahl Josua den Anführern Israels: „Geht durch das Lager und fordert die Leute auf, Proviant vorzubereiten, denn in drei Tagen werdet ihr den Jordan überqueren, um das Land, das der Herr, euer Gott, euch gibt, in Besitz zu nehmen."*
Josua 1,10-11

Zu wissen, dass Gott mit uns ist und uns befähigt, setzt Kräfte frei, um zu handeln. Diese Zusicherung kann uns aus einer Ohnmacht herausholen und lässt uns aktiv unseren Glauben ausleben.

Josua wusste, dass er mit seinen Fähigkeiten und mit Gottes Hilfe alles bewältigen könnte, wozu Gott ihn berufen würde. Er wusste um seine Fähigkeiten und seine konkrete Aufgabe in der Eroberung des Landes, nämlich der Führung des Volkes. Er wusste aber auch, dass nur Gott den Weg weisen und das Land in ihre Hände geben könnte (Josua 6,2). Josua musste keine Angst haben und nicht verzweifeln, weil Gott mit ihm war. Der einzig wahre Gott würde einen Weg bahnen und er selbst würde das Land in die Hände der Israeliten geben. Mit all seinen Möglichkeiten und seiner großen Gnade steht er auch uns zur Seite.

Auch Gideon hat erlebt, wie Gott sich kraftvoll hinter ihn gestellt hat. Als die Midianiter das Volk der Israeliten unterdrückte, wandte sich Gideon klagend an Gott. Wieder sandte Gott einen Menschen aus, um seinen Willen durchzuführen:

*Der Herr wandte sich ihm zu und sagte: „Gehe in der Stärke, die du hast, und rette Israel aus der Hand der Midianiter. Sende ich dich nicht?"* Richter 6,14

Gideon war über Gottes Antwort sichtlich überrascht. Er fragte sich, wie er, der aus dem schwächsten Stamm kam und der Geringste seiner Familie war, ein ganzes Volk retten sollte. Gott aber sprach ihm zu, dass er mit ihm sein würde. Alles, was wir manchmal brauchen, ist die Zusicherung, dass Gott hinter uns steht und dass er mit uns ist. Denn mit Gott können wir alles tun, wozu er uns beruft.

Genauso berief und befähigte Gott weitere biblische Personen wie Mose, Joseph, David, Esther und viele mehr.

Gott glaubte an Gideon, Josua und viele weitere Personen aus der Bibel. So glaubt er heute auch an uns und traut uns zu, unser Leben zu meistern und seinen Willen auszuführen. Gott hat eine wunderbare Berufung für jeden einzelnen Menschen. Wir sind ein wichtiger Teil in Gottes Reich und sind dazu befähigt, unsere Berufung auszuüben.

Der wahre Vertrauenspunkt ist dieser: Glaubst du wirklich, dass Gott an dich glaubt? Vertraust du, dass Gott hinter dir steht und dass seine Gnade ausreicht? Glaubst du, dass er dich mit allem befähigt hat, was du brauchst, um dein Leben zu meistern? Vertraust du darauf, dass dein Schöpfer dich gut genug geschaffen hat?

## Gebet:

*Vater, danke, dass du mich berufst und befähigst. Danke, dass du hinter mir stehst und für mich bist. Hilf mir, dir wirklich zu vertrauen, dass du mich gut genug geschaffen hast. Du hast mich befähigt und hilfst mir bei jedem Schritt. Danke, dass du mich nicht im Stich lässt, sondern immer bei mir bist und an mich glaubst.*
*In Jesu Namen, Amen.*

## Frage zum Nachdenken:

Hast du manchmal Mühe zu vertrauen, dass Gott dich befähigt hat?
Falls ja, was hindert dich daran?

# Praktische Tipps für eine vertrauensvolle Zukunft

## Umdenken lernen

Die Bibel lehrt uns, dass wir unser Denken der biblischen Botschaft anpassen sollen:

*Deshalb orientiert euch nicht am Verhalten und an den Gewohnheiten dieser Welt, sondern lasst euch von Gott durch Veränderung eurer Denkweise in neue Menschen verwandeln. Dann werdet ihr wissen, was Gott von euch will: Es ist das, was gut ist und ihn freut und seinem Willen vollkommen entspricht.*
Römer 12,2

Wir erneuern unsere Gedanken, indem wir das Wort Gottes studieren, darüber meditieren, beten und uns mit anderen Gläubigen austauschen und von ihnen lernen. Dadurch können wir Lügen entlarven und unsere Herzen mit der Wahrheit füllen. Die Bibel erklärt und zeigt uns, wer Gott ist und bekräftigt unsere Identität, die wir in Jesus Christus haben. Sie verändert unsere Einstellungen und zeigt uns somit den Weg in die richtige Richtung. Je mehr wir uns an der Wahrheit ausrichten, desto mehr Frieden, Freiheit und Freude werden wir erfahren. Wenn wir unsere früheren Denkmuster und Gewohnheiten Stück für Stück ablegen und unser Leben mehr und mehr auf Jesus ausrichten, bekommen Gottes Liebe und seine Gegenwart immer mehr Raum in unserem Leben.

Unsere Gedanken zu erneuern bedeutet nicht, dass wir nun positiv denken sollen. Wenn eine Prüfung ansteht oder ein wichtiges Gespräch mit dem Chef, kommen ungute Gefühle und negative Gedanken auf. Man ist nervös und angespannt.

Wenn man nun positiv denkt, hofft man auf ein gutes Ergebnis. Zum Beispiel ersetzt man negative Annahmen mit Gedanken wie „Ich werde die Prüfung sicher bestehen und eine gute Note schreiben." oder „Das Gespräch mit dem Chef wird super ausgehen." Worauf basieren diese Annahmen? Auf der Hoffnung, dass es so kommen wird, wie wir es uns ausmalen.

Wenn wir unser Denken der Bibel entsprechend anpassen, liegt der Fokus aber auf Gott. Wir gehen in diese Situationen mit dem Wissen, dass er mit uns ist und hinter uns steht. Wir beten um seine Hilfe und hoffen, dass er im Gespräch wirkt. Und wenn es nicht so kommt wie erhofft, kennt Gott noch hundert weitere Möglichkeiten und wird uns einen anderen, guten Weg führen. Erneuerte Gedanken sind nicht dasselbe wie positives Denken. Optimismus ist natürlich nichts Schlechtes, jedoch klammern wir uns bei einem erneuerten Denken nicht an ein gewünschtes Ergebnis, sondern halten an Gottes Güte fest und stehen somit auf einer soliden Basis.

Über was sollen wir genau nachdenken?

*Und nun, liebe Freunde, lasst mich zum Schluss noch etwas sagen: Konzentriert euch auf das, was wahr und anständig und gerecht ist. Denkt über das nach, was rein und liebenswert und bewunderungswürdig ist, über Dinge, die Auszeichnung und Lob verdienen.* Philipper 4,8

Das ist unsere Auflistung, an der wir unsere Gedanken prüfen können. Wenn ein neuer Gedanke kommt, können wir uns fragen, ob dieser wahr oder anständig ist. In dem Moment, in dem wir unser Leben Jesus übergaben, erhielten wir eine völlig neue Identität:

*Das bedeutet aber, wer mit Christus lebt, wird ein neuer Mensch. Er ist nicht mehr derselbe, denn sein altes Leben ist vorbei. Ein neues Leben hat begonnen!*
2. Korinther 5,17

Wir sind nun befreit (Johannes 8,36) und unsere Sünden wurden uns vergeben (1. Johannes 1,9).

Wir haben den Heiligen Geist empfangen, der uns in allem leitet (Johannes 14,26). Es liegt in unserer Verantwortung, das Neue anzunehmen und uns von unseren alten Lebenseinstellungen zu verabschieden:

*Deshalb sollt ihr euer altes Wesen und eure frühere Lebensweise ablegen, die durch und durch verdorben war und euch durch trügerische Leidenschaften zugrunde richtete. Lasst euch stattdessen einen neuen Geist und ein verändertes Denken geben. Als neue Menschen, geschaffen nach dem Ebenbild Gottes und zur Gerechtigkeit, Heiligkeit und Wahrheit berufen, sollt ihr auch ein neues Wesen annehmen.* Epheser 4,22-24

Wir sollen ein verändertes Denken annehmen, indem wir die biblische Botschaft verinnerlichen.

Gott zu vertrauen lernen wir in unserem normalen Alltag: Wenn ein wichtiges Meeting ansteht, wir uns durch Berge von Wäsche kämpfen oder Entscheidungen für die nächste Woche treffen. All die kleinen Herausforderungen sind Möglichkeiten, uns im Vertrauen zu üben und unser Denken seinem Wort und somit der Wahrheit anzupassen. Vertrauen ist der Muskel, den wir immer und überall trainieren können.

*So halte ich mir stets das Ziel vor Augen und laufe mit jedem Schritt darauf zu. Ich kämpfe wie ein Boxer, aber nicht wie einer, der ins Leere schlägt.*
1. Korinther 9,26

Täglich kämpfen wir für die Liebe und das Gute in unserem Leben mit Bibelstellen, Lobpreis, Dankbarkeit und der nie endenden Entscheidung, Gott auch heute wieder in allem zu vertrauen.

*Sich auf Gott zu verlassen, muss jeden Tag von Neuem beginnen, als ob noch nichts geschehen wäre.* - C.S. Lewis

Mit der Entscheidung zu vertrauen, dass er größer ist, reihen wir uns in eine Tradition von Gläubigen ein, die festhielten an der Bibel, am Kreuz und an der Auferstehung Christi. Wir sind Teil der langen Reihe von Christen der vergangenen zweitausend Jahre, die sich kontinuierlich für

Gott einsetzten und seine Botschaft in der ganzen Welt bekannt machten. Wir sind Teil der großen weltweiten Kirche, dem Reich Gottes und nehmen unseren Platz im Leib Christi im Vertrauen auf Gott ein, damit er verherrlicht wird.

## Gebet:

*Vater, bitte hilf mir dabei, den neuen Menschen anzuziehen und meine neue Identität anzunehmen, indem ich meine Gedanken erneuere. Führe mich darin, meine Gedanken deinem Wort anzupassen. Leite mich in diesem Prozess. In Jesu Namen, Amen.*

## Frage zum Nachdenken:

Was kannst du heute tun, um deine Gedanken zu erneuern?

# Mit Gottes Hilfe kannst du es schaffen

Als Josua, Kaleb und einige andere Israeliten das Gebiet auskundschafteten, das Gott ihnen verheißen hatte (4. Mose 13), trafen sie auf bedrohliche Riesen. Einige der Spione waren nach ihrer Erkundung verängstigt. Sie fokussierten sich nicht auf Gottes Verheißung, sondern sahen nur die Hindernisse und übermächtigen Gegner (4. Mose 13,28). Mit weltlichen Augen sahen sie sich selbst ganz klein und der Herausforderung nicht gewachsen, weshalb sie murrten und klagten (4. Mose 14,2-4).

Josua und Kaleb hingegen fürchteten sich nicht vor den Riesen. Ganz im Gegenteil. Mutig verkündeten sie nach der Auskundschaftung dem israelischen Volk:

*„Aber lehnt euch nicht gegen den Herrn auf und habt keine Angst vor den Bewohnern des Landes. Sie werden eine leichte Beute für uns sein! Sie haben keinen Schutz, aber mit uns ist der Herr! Habt also keine Angst vor ihnen!“*
4. Mose 14,9

Sie sahen nicht auf die Hindernisse und die Riesen, sondern fokussierten sich auf ihre Möglichkeiten. Sie wussten, dass sie mit Gottes Hilfe das Land einnehmen würden. Anstatt sich mit den Riesen zu vergleichen, richteten sie ihren Blick auf Gott (4. Mose 14,9).

Ich kann dir nicht sagen, wie oft ich schon versucht habe, in Josuas Fußstapfen zu treten und zu sagen: „Mit Gottes Hilfe werde ich es schaffen!“ Meistens spreche ich diese Worte in einem Anflug von Mut aus. Ja, es wird gut werden.

Dann dauert es ein paar Tage oder auch nur wenige Stunden und ich finde mich in einer Mutlosigkeit wieder. Etwa so wie die verängstigten Spione; die anderen Israeliten, die von der Auskundschaftung mit Josua und Kaleb zusammen zurückkehrten:

*„Wir können nicht gegen sie in den Kampf ziehen, denn sie sind stärker als wir.“* 4. Mose 13,31bc

Josuas und Kalebs Worte hingegen waren durchweg hoffnungsvoll und mutmachend. Dabei ging es nicht darum, nur positiv zu denken, sondern sie stützten sich auf die Tatsache, dass Gott mit ihnen war und ihnen das Land versprochen hatte.

In unseren Gedanken tobt ein ständiger Kampf. Halten wir im Vertrauen an Gott fest oder lassen wir die Angst in unseren Herzen die Überhand nehmen?

Als ich mit Corona auf dem Sofa lag, umgeben von Umzugskartons, Chaos und überforderten Kleinkindern, wusste ich, dass ich wieder vor der Entscheidung stand, mit welcher Einstellung ich meine Situation meistern würde. Hinter mir lagen schwierige Umzugstage mit mehreren Notfall-Arztterminen, Muskelkater und ich fühlte mich durch die Krankheit erschöpft und ausgelaugt.

Ich hatte schon erlebt, wie Gott mich aus einer jahrelangen und aussichtslosen Krankheitsgeschichte herausgeführt hatte. Ich durfte erleben, wie Gott große Gebete erhört und in meinem Leben gewünschte Veränderungen bewirkt hatte. Und nun lag ich da, zweifelnd, ob Gott mir nun wieder helfen würde. Vertrauen ist ein ständiger Kampf, eine täglich zu treffende Entscheidung. Ständig gilt es, die Oberhand in den Gedanken zu behalten und sich für das Vertrauen zu entscheiden.

Aus Erfahrung wusste ich, dass sich die Josua-Einstellung mehr lohnen würde als die der verängstigten Spione. Weshalb? Weil schon nur die Hoffnung auf Gottes Wirken Kraft und Energie gibt. Wenn wir uns auf Gott ausrichten und weg von unseren Problemen, geschieht etwas Wunderbares: Neue Möglichkeiten rücken ins Blickfeld und die Last wird leichter.

Die nächsten Tage an der Entscheidung, voller Hoffnung zu sein, festzuhalten, war alles andere als leicht. Es war ein ständiger innerer Kampf. Nein, meine Gefühle stimmten nicht damit überein. Eher hätte ich den ganzen Tag jammern können.

Im Inneren spielt sich der wirkliche Kampf ab. Wie viel Raum geben wir der Hoffnung und der Wahrheit? Welchen Weg wir wählen, entscheiden wir in unseren Gedanken und Herzen. In dem Moment schlagen wir nicht nur eine bestimmte Richtung ein, sondern suchen uns die Frucht aus, die daraus entstehen wird.

Das Gejammer der Israeliten hielt sie 40 Jahre lang in der Wüste. Also diese Frucht möchte ich definitiv nicht essen. Da wäre mir der direkte Weg ins verheißene Land lieber (4. Mose 14). Josua und Kaleb aber lebten länger als diese 40 Jahre und durften Fuß in das verheißene Land setzen (4. Mose 14,30). Aus Gottvertrauen entsteht gute Frucht.

Manchmal müssen wir einfach mutig sein wie Josua und sagen: „Gott ist mit mir. Ich werde das schaffen."

*Kämpfe den guten Kampf des Glaubens. Halte an dem ewigen Leben fest, zu dem Gott dich berufen hat und für das du ein gutes Bekenntnis vor vielen Zeugen abgelegt hast!* 1. Timotheus 6,12

Es ist eine tägliche Entscheidung, den guten Kampf des Glaubens zu kämpfen und den Verheißungen Gottes zu vertrauen. Wir entscheiden uns, dass Chaos und Angst nicht unser Leben bestimmen, sondern dass Liebe unser Leben regiert. Wir gewöhnen uns an, im Vertrauen auf Gottes Versorgung, seine Führung und seine Gnade zu leben.

## Gebet:

*Vater, du siehst, in welcher Situation ich mich befinde. Bitte gib mir die Kraft, die Oberhand in meinen Gedanken zu behalten. Rüste mich für diesen Kampf aus und zeig mir, welche Denkweisen ich fördern soll und welche Lügen ich loslassen muss. Hilf mir, an der Wahrheit festzuhalten und mich nicht entmutigen zu lassen.*

## Frage zum Nachdenken:

Welche Gedanken kannst du in deiner Situation wählen, um die Hoffnung zu behalten?

# Ängste nachhaltig reduzieren

Wenn ich mich umschaue, sehe ich Menschen, die anderen helfen. Ich sehe Leute, die einander freundlich grüßen. Ich denke an meine Familie und Freunde und mein Herz fließt über mit Dankbarkeit für all die tollen Menschen, die in meinem Leben sind.

*Sie riefen einander zu: „Heilig, heilig, heilig ist der Herr, der Allmächtige! Die Erde ist von seiner Herrlichkeit erfüllt!“* Jesaja 6,3

Ich höre dem Lachen von Kindern zu und sehe, wie sie voller Neugierde Blumen pflücken und Insekten beobachten. Und dann erst die Farben der Natur – einfach wunderschön!

Zu dieser Beobachtung bin ich nicht gekommen, weil ich einer dieser optimistischen das-Glas-ist-halb-voll-Menschen bin oder weil mein Leben perfekt wäre, sondern weil ich die Nachrichten nicht verfolge.

Bilder von Erdbeben, Fluten und Kriegen, Schießereien, Morde und Gewalttaten. Täglich werden wir mit Aufnahmen und Berichten aus der ganzen Welt konfrontiert. Das Leid und Elend der gesamten Erde erscheint auf unseren kleinen und großen Bildschirmen. Die Schlagzeilen schreien nach unserer Aufmerksamkeit und zeigen schockierende Zustände. Kein Wunder, dass wir Angst haben.

Ist dir schon einmal aufgefallen, dass fast nur schlechte Nachrichten ausgestrahlt werden? Das, was die Nachrichten zeigen, ist kein angemessenes Abbild unserer Welt. Wir erhalten eine verzerrte und gefilterte Darstellung der Realität. Die Medien sind darauf ausgerichtet, Schlagzeilen zu verbreiten, die möglichst viele Leser anziehen, um einen entsprechenden Umsatz zu erzielen. Und schlechte Nachrichten verkaufen sich nun mal besser.

Natürlich ist es wahr, dass es eine Unmenge an Leid und katastrophalen Zuständen auf dieser Erde gibt. Aber weshalb sollten wir jede Katastrophe, die sich irgendwo in der Welt ereignet, sofort mitbekommen, während die guten Ereignisse meistens nicht an die Öffentlichkeit dringen?

Die Bibel erinnert uns daran, unser Herz zu bewahren:

*Vor allem aber behüte dein Herz, denn dein Herz beeinflusst dein ganzes Leben*
Sprüche 4,23

Die Bibel bezeugt, dass unsere innere Ausrichtung unser Handeln und damit unsere Lebensgestaltung bestimmt. Sind wir von Angst erfüllt, verspüren wir einen inneren Druck und handeln unseren Sorgen entsprechend. Die Angst, die diese Bilder und Schlagzeilen in uns auslösen kann, führt dazu, dass wir entweder abgestumpft werden oder uns mit allen Mitteln versuchen, selbst zu schützen.

Wir schauen, was anderen passiert ist, und was uns passieren KÖNNTE. Und unser Kopf lernt anhand von den Nachrichten 1.000 neue Szenarien, die gefüllt sind mit Sorgen und Ängsten, die sehr wahrscheinlich nie in unserem persönlichen Leben eintreten werden.

Gedanken lösen Gefühle aus. Wenn wir uns sorgenvolle Gedanken machen und Katastrophen vorstellen, löst das Gefühle der Angst oder sogar Panik aus. Unser Denken ist geprägt von all den Bildern, mit denen wir uns täglich auseinandersetzen.

Einige Menschen müssen aus beruflichen Gründen aktuelle Entwicklungen eingehend verfolgen. Jedoch schaut der größte Teil der Christen die Nachrichten entweder aus Gewohnheit oder aufgrund eines gesellschaftlichen Drucks, immer informiert sein zu müssen. Aufgeschlagene Zeitungen in der Straßenbahn, Diskussionen in den sozialen Medien, Gespräche am Arbeitsplatz und bedrückte Gesichter im Umfeld sind Information genug. Nach meiner eigenen Erfahrung bekommt man die wichtigen Ereignisse mit, weil die Menschen darüber reden.

Es gibt nur eine Nachricht, die es sich täglich zu lesen lohnt und das ist die gute Botschaft, das Evangelium. Die Auseinandersetzung mit der Wahrheit schärft den Blick auf die Welt und lässt uns alles durch die Brille der Bibel deuten. Dabei geht es nicht darum, sich abzuschotten oder in eine Gleichgültigkeit zu verfallen, sondern darum, sich auf das Wichtige auszurichten: Wie kann ich das Reich Gottes hier und jetzt, wo ich gerade bin, bauen?

Was dient es unserem Umfeld, wenn wir von den Nachrichten abgelenkt, wütend aufgrund von Missständen sind oder in Angst versinken? Sollen nicht gerade wir Christen mit unserem Gottvertrauen ein Licht für die Welt in dieser Zeit sein? Man wird von dem voll, womit man sich füllt. Wenn man selbst voll von Angst und Sorge ist, fällt es schwer, jemand anderem Mut und Hoffnung zu vermitteln. Sind wir aber voller Hoffnung, wirkt sich das in einer inneren Ruhe und einem entsprechenden Lebensstil voller Frieden und Zuversicht aus. Nur aus dem Vollen kann man schöpfen und die Fülle kommt durch die Gegenwart Gottes.

Es gibt einen einfachen Weg, wie man einen großen Teil seiner Ängste und inneren Anspannungen loswird: Weniger Zeit mit Nachrichten zu verbringen und mehr die gute Botschaft lesen.

Die verängstigte Welt braucht gerade jetzt Christen, die in der Wahrheit feststehen und einen Gott der Liebe und Kraft bezeugen. Christen, die sich aktiv in der Kirche und der Welt einsetzen. Lasst uns die Menschen sein, die nun hell leuchten und andere auf die Quelle unseres Friedens und unserer Fülle aufmerksam machen können.

## Gebet:

*Vater, du weißt genau, welchen Einfluss die Nachrichten auf mich haben. Befreie mich von den schlechten Wirkungen auf mein Leben und hilf mir, mein Herz zu bewahren. Zeig mir, wie ich mehr Zeit in deinem Wort und im Gebet verbringen kann. Lass mich in dieser Welt hell leuchten, damit andere Menschen von deiner Liebe und Gnade erfahren.*
*In Jesu Namen, Amen.*

## Frage zum Nachdenken:

Hast du dir schon einmal überlegt, deinen Nachrichtenkonsum zu reduzieren?

# Sorgen um die Zukunft

Die Zukunft ist ungewiss. Meine Gedanken könnten sich verschiedenste Szenarien ausmalen. Ich könnte nun über alles nachdenken, das schiefgehen könnte. Ich könnte daran zweifeln, dass Gott bestimmte Situationen in meinem Leben wenden wird. Aber ich weigere mich, meine Gedanken dorthin wandern zu lassen.

Täglich muss ich mich neu entscheiden, alles in Gottes Hände zu legen und ihm zu vertrauen. Er weiß schließlich, was er tut. Ja, seit tausenden von Jahren ist Gott treu und gütig. Er hat schon unzählige Menschen durch Schwierigkeiten hindurchgeführt.

Viele von uns können sich an vergangene Ängste und Sorgen erinnern. Die meisten davon waren vergebens. Die Präsentation, das Meeting, die Reise oder was auch immer unser Denken einnahm, ging schlussendlich doch ganz gut vorüber. Davor hatten wir uns lebhaft ausgemalt, was alles schiefgehen könnte. An anderen Tagen geschehen unerwartete und mühsame Dinge. Wir werden mit schwierigen Situationen konfrontiert, die wir uns gar nicht ausgemalt hatten.

Manchmal lese ich frühere Einträge in meinen Gebetstagebüchern und denke: „Ach was. Dieses Problem, das mich damals so beschäftigt hat, habe ich total vergessen. Es hat sich einfach so gelöst…"

Wir haben 1.000 vergessene Sorgen und Probleme, weil sie sich „einfach so" gelöst haben und wir uns deshalb nicht mehr daran erinnern.

Was sagt das über unsere heutigen Sorgen und Probleme aus? In ein paar Jahren, vielleicht schon ein paar Monaten oder Wochen, werden sie sehr wahrscheinlich vergessen sein.

Ist dir schon mal aufgefallen, dass in vielen Szenarien und Sorgen um die Zukunft Gott nicht oft auftritt? Während unsere Gedanken sich zu drehen beginnen, scheint er abwesend zu sein. Wenn wir aber irgendwann in der Zukunft an irgendein Problem stoßen werden, wird Gott da sein. Dort mittendrin mit uns. Und auch dort wird er noch treu sein und uns zur Seite stehen. Auch dort wird er uns versorgen, uns helfen und uns führen. Seine Liebe, Gnade und Gunst werden auch in der Zukunft noch mit uns sein.

*Sorgt euch also nicht um den morgigen Tag, denn der morgige Tag wird für sich selber sorgen. Jeder Tag hat genug an seiner eigenen Last.* Matthäus 6,34 (ZB)

Dieser Vers erkennt an, dass wir Belastungen im Leben haben. Unsere Probleme sind nicht leicht, weshalb sie unsere gesamte Aufmerksamkeit erfordern. Wir sollen uns nicht um morgen sorgen, damit wir alle Kraft und Energie dafür aufwenden können, die heutigen Schwierigkeiten anzugehen. Denn heute bereiten wir uns auf morgen vor.

Stell dir mal vor, dass du nur die Probleme lösen musst, mit denen du heute konfrontiert wirst. Was gestern war und was morgen sein wird, ist im Moment nicht relevant. All die Ängste und Sorgen in Bezug auf deine Zukunft darfst du niederlegen.

Die Bibel sagt, dass wir weise sein und planend vorausschauen sollen (Sprüche 21,5 / Sprüche 6,6-8), aber diese Planung soll uns nicht vereinnahmen. Sorgen um Morgen, Träume für die Zukunft oder auch Gedanken an die Vergangenheit, seien es mit Reue gefüllte Erinnerungen oder Schwelgereien, können sogar eine Flucht sein – eine Strategie, um uns nicht mit den Problemen von heute auseinandersetzen zu müssen. Diese bewirkt, dass wir passiv werden, anstatt aktiv unsere Probleme anzugehen. Die Frau aus Sprüche 31 hatte keine Angst vor der Zukunft, weil sie heute ihr Bestes gab (Sprüche 31,10-31). Sie war weise und arbeitete hart, Charakterzüge, die sie auf morgen vorbereiteten.

*Die einzige angemessene Vorbereitung auf morgen besteht in der richtigen Nutzung des heutigen Tages.* John C. Maxwell

Aber auch um unsere Vergangenheit müssen wir uns nicht sorgen. Wir können sie nicht ändern, egal wie oft wir uns in Gedanken ausmalen, dass Gespräche anders hätten verlaufen sollen oder wir andere Entscheidungen hätten treffen sollen. Es ändert doch nichts an der Tatsache, dass wir jetzt hier sind, wo wir sind, und das Beste aus unserer Situation machen müssen.

Das Einzige, was wir wirklich haben, ist der jetzige Moment. Und genau jetzt ist Gott gegenwärtig.

Vielleicht möchte Gott uns genau heute in unserem ganz normalen Alltag begegnen. Vielleicht möchte er hier und jetzt unsere Beziehung zu ihm stärken.

Die beste Investition in die Zukunft ist, den heutigen Tag bewusst zu leben, indem wir in unsere Beziehungen zu Gott und unsere Mitmenschen investieren, bei unserer Arbeit unser Bestes geben und uns heute ganz auf Gott ausrichten.

*Die Übereinstimmung zwischen unserer Vorstellung von dem, was die Zukunft bringt, und dem, was dann wirklich eintrifft, ist sehr minimal ... Die beste Art und Weise, sich auf die Zukunft vorzubereiten, besteht nicht darin, ohne Unterlass an sie zu denken, sondern im gegenwärtigen Augenblick zu leben.*
Jacques Philippe [13]

## Gebet:

*Vater, du siehst alles, was war und was sein wird. Du hältst die gesamte Welt und mein Leben in deinen Händen. Hilf mir, mich heute ganz auf dich und die Gegenwart auszurichten. Bereite mich heute auf die Zukunft vor. In Jesu Namen, Amen.*

## Frage zum Nachdenken:

Was kannst du heute konkret tun, um dich auf heute und nicht auf gestern und morgen zu konzentrieren? Was sind deine heutigen Aufgaben, die es zu erledigen gilt?

# Wie können wir Bibelverse verinnerlichen?

Über Bibelverse nachzudenken und zu beten ist eines der besten Dinge, die wir tun können, um Ängste zu reduzieren und unser Vertrauen auf Gott zu stärken. Aber welche Bibelstellen eignen sich dafür? Wenn wir zum Beispiel „Bibelverse über die Angst" auf Google eingeben, erhalten wir Listen mit Versen, in denen die Begriffe „Angst" oder „Furcht" vorkommen. Hier ist ein Beispiel einer Bibelstelle, die oft zitiert wird:

*Ich sage dir: Sei stark und mutig! Hab keine Angst und verzweifle nicht. Denn ich, der Herr, dein Gott, bin bei dir, wohin du auch gehst.* Josua 1,9

Ich liebe diese Stelle! Jedoch haben Verse, die uns sagen, dass wir uns NICHT fürchten sollen, oftmals den gegenteiligen Effekt. Wir fühlen uns schlecht, dass wir überhaupt erst Furcht empfinden, wenn wir doch keine Angst haben SOLLTEN.

Wenn wir die Worte „Angst" und „Furcht" sehen, fokussieren wir uns auf das, was wir vermeiden wollen, anstatt auf das, was wir tun möchten, nämlich Gott zu vertrauen.

Obwohl ich diesen Bibelvers sehr schätze und auch selbst oft verwende, gibt es andere Texte, die wir verinnerlichen können, um nachhaltig Vertrauen in Gott aufzubauen.

Um Ängste erfolgreich zu überwinden, sollten wir uns mit Bibelversen auseinandersetzen, die über Gottes Größe und seine unendlichen Möglichkeiten sprechen, anstatt über die Angst.

Wenn wir uns seine Liebe, seine Güte und seine Macht vor Augen halten, beruhigt es unsere ängstlichen Gedanken.

## Gott liebt uns

*Seht, was für eine Liebe unser himmlischer Vater uns geschenkt hat, nämlich, dass wir seine Kinder genannt werden – und das sind wir auch! Doch die Menschen, die zu dieser Welt gehören, kennen Gott nicht; deshalb verstehen sie auch nicht, dass wir seine Kinder sind.* 1. Johannes 3,1
*Gott dagegen beweist uns seine große Liebe dadurch, dass er Christus sandte, damit dieser für uns sterben sollte, als wir noch Sünder waren.* Römer 5,8

*Wir haben erkannt, wie sehr Gott uns liebt, und wir glauben an seine Liebe. Gott ist Liebe, und wer in der Liebe lebt, der lebt in Gott und Gott lebt in ihm.*
1. Johannes 4,16

## Gott ist unsere Stärke und Zuflucht

*Der Herr selbst wird für euch kämpfen. Bleibt ganz ruhig!*
2. Mose 14,14

*Gott ist unsre Zuflucht und unsre Stärke, er hat sich als Hilfe in der Not bewährt.*
Psalm 46,2

*Er allein ist mein Fels und meine Hilfe, meine Burg, nie werde ich wanken.*
Psalm 62,3 (ZB)

*Ein Lied für die Pilgerfahrt nach Jerusalem. Ich schaue hinauf zu den Bergen – woher wird meine Hilfe kommen? Meine Hilfe kommt vom Herrn, der Himmel und Erde gemacht hat.*
Psalm 121,1-2

## Gott ist gut und treu

*Deine Güte und Gnade begleiten mich alle Tage meines Lebens, und ich werde für immer im Hause des Herrn wohnen.*
Psalm 23,6

*Deine Treue gilt in alle Zukunft: Du hast ja die Erde so geschaffen, dass sie Bestand hat.* Psalm 119,90

## Gott ist mächtig

*Ich erhebe meine Augen zu dir, Gott, der du im Himmel thronst.*
Psalm 123,1b
*Durch die mächtige Kraft, die in uns wirkt, kann Gott unendlich viel mehr tun, als wir je bitten oder auch nur hoffen würden.*
Epheser 3,20

*O Herr, mein Gott! Durch deine große Macht und auf deinen Befehl hin wurden Himmel und Erde geschaffen. Dir ist nichts unmöglich!*
Jeremia 32,17

## Bei Gott kommen wir zur Ruhe

*Ich will fest auf Gott vertrauen, denn er ist meine Hoffnung.*
Psalm 62,6

*Dann sagte Jesus: „Kommt alle her zu mir, die ihr müde seid und schwere Lasten tragt, ich will euch Ruhe schenken."*
Matthäus 11,28

*Aber Segen soll über den kommen, der seine ganze Hoffnung auf den Herrn setzt und ihm vollkommen vertraut. Dieser Mann ist wie ein Baum, der am Ufer gepflanzt ist. Seine Wurzeln sind tief im Bachbett verankert: Selbst in glühender Hitze und monatelanger Trockenheit bleiben seine Blätter grün. Jahr für Jahr trägt er reichlich Frucht.*
Jeremia 17,7-8

Es gibt diverse Methoden, um über einen Bibelvers zu reflektieren. Eine davon ist die *Lectio Divina*. Diese traditionelle Übung beinhaltet das Lesen des Textes, Meditation, Kontemplation und Gebet.

Man kann sich mit einem Vers oder gleich einem ganzen Abschnitt aus der Bibel auseinandersetzen.

Hier ist der Ablauf:

1. Lies die ausgewählte Bibelstelle 3x.
2. Reflektiere und bete über den Vers. Lass ihn in dein Herz sinken. Achte darauf, welches Gefühl der Text in dir auslöst.
3. Sei 1 Minute lang still. Sei dir der Gegenwart Gottes vollkommen bewusst.
4. Bete den Vers noch einmal, und zwar Wort für Wort. Versuch die Bedeutung jedes Wortes zu verstehen und nimm wahr, was dabei in deinem Inneren geschieht.
5. Lies den gesamten Abschnitt nochmals in einem normalen Tempo. Nimm wahr, wie sich deine Einstellung und dein Herz verändert haben, seitdem du die Stelle das erste Mal gelesen hast.
6. Bete 1 Minute lang. Sag Gott, was du auf dem Herzen hast.
7. Sitze still in Gottes Gegenwart und atme tief ein und aus, solange du möchtest.

Durch diese Methode spürt man, wie der Bibelvers tief ins eigene Herz sinkt. Wenn wir regelmäßig über Bibelstellen meditieren, die von Gott, seiner Liebe und Größe reden, wird diese Übung über längere Zeit hinweg unser Vertrauen in ihn stärken.

## Gebet:

*Vater, ich weiß, dass du groß und mächtig bist. Du liebst mich und stehst hinter mir. Du bist gut und treu. Erfülle mein Herz mit Liebe, Hoffnung, Freude und Frieden, während ich über dein Wort nachsinne. Hilf mir, in dir zur Ruhe zu kommen, denn du bist meine Zuflucht und meine Stärke. Danke für deine Hilfe. In Jesu Namen, Amen.*

## Frage zum Nachdenken:

Über welchen Bibelvers möchtest du meditieren? Und wie kannst du Methoden wie die *Lectio Divina* in deinen Alltag einbauen?

# Einstellungssache

Nach über sieben Jahren Ehe bedankt sich mein Mann fast täglich bei mir für das gekochte Essen und dafür, dass ich mich um die Kinder kümmere und das Haus sauber halte. Sich gegenseitig zu danken ist eine Gewohnheit, die unseren täglichen Umgang miteinander und unsere Gespräche prägt.

Dankbarkeit schafft Verbundenheit und ist gleichzeitig ein Ausdruck des Vertrauens. Sie bereitet die Basis für eine liebevolle Beziehung und schafft Raum für ein friedliches Miteinander. Studien zeigen, dass wir die positiven Auswirkungen von Dankbarkeit auf das Gegenüber unterschätzen.[14]

Nachdem Jesus zehn Aussätzige heilte (Lukas 17,11-14), kam bloß eine Person zurück, um Gott zu danken:

*Einer von ihnen kam, als er es merkte, zu Jesus zurück und rief: „Dank sei Gott, ich bin geheilt!“* Lukas 17,15

Dem Mann, der dankte, schenkte Jesus nicht nur körperliche Heilung, sondern die Errettung noch dazu.

Der Grund für unsere Dankbarkeit liegt in Gottes Wesen:

*Denn der Herr ist gut. Seine Gnade hört niemals auf, und seine Treue gilt für immer.* Psalm 100,5

Wir danken Gott, weil er gut und treu ist. Dankbarkeit basiert nicht auf Gefühlen, sondern ist eine Gewohnheit, die wir uns antrainieren können. Dabei können wir in unserem ganz normalen Alltag für unser Essen danken, für fließendes Wasser, unsere Beziehungen und vieles mehr. Es ist eine geistliche Übung, die wir immer und überall praktizieren können. Es ist nämlich Gottes Wille, dass wir dankbar sind:

*Was immer auch geschieht, seid dankbar, denn das ist Gottes Wille für euch, die ihr Christus Jesus gehört.*
1. Thessalonicher 5,18

Wenn wir Gott danken, wendet sich unser Blick weg von unserer gegenwärtigen Situation hin zu seinem Wesen und seinen Möglichkeiten. Das erfüllt uns mit neuer Kraft und stärkt unser Vertrauen in Gott. Nachdem wir einige Zeit Dankbarkeit in unserem Alltag eingeübt haben, erfahren wir mehr Freude und Zufriedenheit.

Der Psalmist empfiehlt uns, mit Dank in Gottes Gegenwart einzutreten:

*Geht durch die Tempeltore mit Dank, tretet ein in seine Vorhöfe mit Lobgesang. Dankt ihm und lobt seinen Namen.* Psalm 100,4

Ein guter Zeitpunkt, Gott gegenüber Dankbarkeit auszudrücken, ist zu Beginn einer Gebetszeit.

Beten ist eine der wichtigsten Praktiken eines jeden Christen. Durch das Gebet lernen wir Gottes Herz kennen und können unseres ausschütten. Unsere Beziehung zu Gott wird gestärkt und wir lernen, ein Bruchstück von dem zu sehen, was er sieht. Und dabei müssen die Gebete nicht besonders heilig klingen oder anspruchsvoll sein. Wir dürfen nämlich offen und ehrlich vor unseren himmlischen Vater treten und ihm mit Dank, Lobpreis, Bitten und Klagen begegnen. Bei Gott hat alles Platz, was uns beschäftigt.

An vielen Stellen in der Bibel, fordert Gott uns auf, für unsere Anliegen zu beten und zu bitten. Er möchte, dass wir mit unseren Gedanken und Problemen zu ihm kommen, weil er uns gerne hilft.

*Sorgt euch um nichts, sondern betet um alles. Sagt Gott, was ihr braucht, und dankt ihm.* Philipper 4,6

Wir dürfen um ALLES beten. Kein Gebet ist zu klein oder zu groß für Gottes offene Ohren.

Je mehr wir unsere Tage, Pläne, Wünsche und Sorgen im Gebet vor Gott bringen, desto mehr wirkt er in unserem Leben. Denn er hört unsere Gebete und reagiert darauf, wenn wir ihn konkret in unsere Lebensbereiche einladen. Das bedeutet aber nicht, dass wir alles bekommen, was wir uns wünschen oder worum wir bitten.

*Gott gibt uns entweder das, um was wir gebeten haben oder das, was wir gebeten hätten, wenn wir das wüssten, was er weiß.* – Timothy Keller

Wir können Gott für geschlossene Türen danken. Ja, ich meine es ernst. Wir wissen nicht, wovor er uns bewahrt. Vielleicht beten wir für etwas Konkretes, wie z.B. einen neuen Job, eine bestimmte Beziehung eingehen zu können oder ähnliches. Aber Gott hat das Gebet entweder gar nicht erhört oder nicht so, wie wir uns das vorgestellt haben.

Wie oft Kinder doch wütend auf ihre Eltern sind, weil sie ihnen etwas nicht erlauben. Eltern wissen, dass Süßes zwar gut schmeckt, aber der Gesundheit im Endeffekt schadet. Wir möchten unsere Kinder davor bewahren, mit Gegenständen zu spielen, die sie verletzen könnten. Wie könnte unser himmlischer Vater, der alles sieht und alles weiß, da anders sein (Lukas 11,13)?

Ich erinnere mich an die Zeit, als ein Pferd zu besitzen mein größter Traum war. Täglich lag ich meinen Eltern damit in den Ohren, in der Hoffnung, dass sie irgendwann nachgeben würden. Heute bin ich sehr dankbar dafür, dass sie meinen Wunsch nicht erfüllten. Meine Interessen änderten sich nämlich nach ein paar Jahren und ein Pferd hätte nicht zu meiner neuen Lebensweise gepasst. Oder ich denke an frühere Beziehungen und wie dankbar ich im Rückblick bin, dass sie auseinander gingen.

Gott liebt uns so sehr, dass er nicht möchte, dass wir durch bestimmte Türen gehen. Er weiß, was uns auf der anderen Seite erwarten würde. Es hat mit großem Vertrauen und Reife zu tun, Gott in dem Moment zu danken, in dem er ein Gebet nicht erhört.

Gott lässt uns aber nicht einfach fallen, sondern führt uns einen anderen Weg, der uns zu den Türen bringt, die er für uns vorbereitet hat. Und diese werden sich zur rechten Zeit öffnen.

## Gebet:

*Vater, ich danke dir heute für das, was du schon alles in meinem Leben getan hast. Ich vertraue, dass du weißt, was du tust und mein Bestes im Sinn hast. Gib mir ein dankbares Herz, das dich in allem ehrt.*
*In Jesu Namen, Amen.*

## Frage zum Nachdenken:

Wofür kannst du Gott heute konkret danken?
Fallen dir 20 Dinge ein, für die du dankbar bist?

# Denke daran, wer für dich kämpft

Als David und Goliat sich gegenüberstanden, unterschieden sie sich in vielem, aber vor allem in ihrer Einstellung. Während Goliat sich auf seine Größe, Kraft und Waffen verließ, setzte David sein ganzes Vertrauen auf Gott:

*David rief zurück: „Du trittst mir mit Schwert, Speer und Wurfspieß entgegen, ich aber komme im Namen des Herrn, des Allmächtigen – des Gottes des israelitischen Heeres, das du verhöhnt hast.* 1. Samuel 17,45

Die Geschichte von David und Goliat ist ein beliebtes Motiv in der Sonntagsschule. Sie wird als großes Ereignis in Davids Leben erzählt, bei dem Gott dem Schwächeren beistand und den Stärkeren besiegte. Mit Gottes Hilfe kann man alles schaffen. Ja, da würden die meisten zustimmen.

Was wir in dieser Geschichte sehen, ist das öffentliche Zeugnis von Davids verborgenem Vertrauen in Gott. Schon seit Jahren war David mit Gott unterwegs und hatte wiederholt seine Hilfe erfahren. Ohne ein Publikum, als er nur unter dem Blick Gottes die Tiere seines Vaters hütete, trug er seine Kämpfe aus und erfuhr, dass Gott mit ihm war. Mutig verteidigte er die Herden gegen Raubtiere und erlebte immer wieder, wie Gott ihn rettete.

*„Der Herr, der mich aus den Klauen des Löwen und des Bären gerettet hat, wird mich auch vor diesem Philister retten!"* 1. Samuel 17,37

Als sich David dazu entschied, Goliat gegenüberzutreten, hat er nicht all seinen Mut zusammengenommen, sondern aus seinem Überfluss an Mut geschöpft, der aus der Erfahrung stammte, dass Gott hinter ihm stand.

Es wäre naheliegend gewesen, wenn ein großer Krieger aus den eigenen Reihen den Kampf mit Goliat aufgenommen hätte. Aber nein: Ein Junge, der noch nicht einmal an eine Rüstung gewohnt war (1. Samuel 17,39), nahm die Herausforderung an. Weil David mit Gott und seinen Möglichkeiten vertraut war, wählte er nicht gewöhnliche Waffen, sondern einen

Kieselstein (1. Samuel 17,40). Sein Mut und seine Standhaftigkeit waren das Ergebnis einer persönlichen Beziehung zu Gott und wiederholter Erfahrung seiner Hilfe.

Auch wir können von früheren Erlebnissen mit Gott zehren. Von Momenten, in denen er Gebete im Großen und Kleinen erhört hat, Türen für uns geöffnet hat und anderen Momenten, in denen wir sein Eingreifen gespürt haben. Das sind Ressourcen, aus denen wir schöpfen können. Sie gründen in der Wahrheit, dass Gott uns liebt und hinter uns steht, wie es in unzähligen Versen und Geschichten in der Bibel bezeugt wird. Eine der besten Entscheidungen, die ich getroffen habe, ist, ein Gebetstagebuch zu führen. Täglich verbringe ich Zeit mit Gott in der Bibel und im Gebet. Dabei notiere ich in einem Notizbuch, was mir beim Bibellesen auffällt, wie Gott gerade in meinem Leben wirkt und welche Gebetsanliegen ich habe. Interessant wird es, wenn ich nach einiger Zeit meine früheren Gebete durchgehe. Dann erkenne ich, wie viele Bitten Gott erhört hat und wie oft er mir geholfen hat. Manchmal lebe ich in beantworteten Gebeten, habe aber schon längst vergessen, dass ich genau dafür gebetet hatte. Wie schnell vergessen wir doch das Gute, das Gott in unserem Leben tut.

Auch der Psalmist schaute auf Gottes Wirken zurück:

*Herr, ich erinnere mich an alles, was du getan hast, an alle Wunder, die du einst vollbracht hast. Ständig stehen mir deine Taten vor Augen, immer wieder muss ich an sie denken.* Psalm 77,12

Gottes Wirken in unserem eigenen Leben zu dokumentieren und als Ermutigung darauf zurückzugreifen, stärkt unser Vertrauen in Gott. Wir erfahren, dass er früher in unserem Leben schon Durchbrüche bewirkt hat und glauben, dass er es wieder tun wird.

Aber auch die Bibel bietet viele Zeugnisse von gottesfürchtigen Menschen in der Vergangenheit, die Gottes Hilfe erfahren haben:

*Ich denke an die alten Zeiten. Ich erinnere mich an deine großen Taten. Ich mache mir über deine Werke Gedanken.* Psalm 143,5

Es ist wichtig, dass wir unser Vertrauen in persönlichen Erlebnissen mit Gott sowie in biblischen Geschichten und Verheißungen verankern, damit wir Kraft und Mut für unser eigenes Leben schöpfen.

Schlussendlich ist jeder Sieg und jeder Erfolg, den wir erleben, ein Zeugnis von Gottes Macht. Ohne ihn könnten wir nichts tun. Wir wären am Morgen nicht einmal in der Lage, richtig aus dem Bett zu kommen, ohne Gott, sein Wirken und seine Gnade. Aber mit Gott können wir wilde Tiere und sogar einen Goliat besiegen.

Ich bin davon überzeugt, dass wir für solche Erfahrungen beten dürfen, damit unser Vertrauen gestärkt wird. Wir dürfen Gott darum bitten, seine Hilfe zu erleben, damit auch wir uns darauf berufen können, dass Gott uns damals geholfen hat und uns auch heute und in Zukunft wieder helfen wird.

## Gebet:

*Vater, danke für deine Hilfe. Zeig mir, wann du mir schon geholfen hast, und rufe mir Zeiten in Erinnerung, durch die du mich hindurchgetragen hast. Schenke mir Erlebnisse, in denen du in meinem Leben wirkst und Türen öffnest. Stärke mein Vertrauen in dich durch das, was du schon alles getan hast. In Jesu Namen, Amen.*

## Fragen zum Nachdenken:

Was hat Gott schon in deinem Leben bewirkt? Denke an Lebensbereiche wie Familie, Freundschaften, Wohnsituation, Beruf oder Finanzen. Was durftest du schon erleben? Dabei ist es wichtig, sich nicht nur die großen, sondern auch die kleinen Ereignisse in Erinnerung zu rufen, da sie allesamt ein Zeugnis seines Wirkens und seiner Güte sind.

# Eine Strategie für den Alltag

Es ist Morgen. Ich bin gestresst. Die Kinder sind laut, ich werde laut. Doch der eigentliche Grund meiner inneren Unruhe sind nicht die Kinder, sondern die vielen kleinen Probleme, die inneren Druck erzeugen und hochkommen. Wo ist Gott in meinem Sturm? Diese Frage ist der wahre Grund, weshalb ich laut werde. Die innere Gereiztheit lässt mich meinen Alltag nicht genießen.

Ich lasse Lobpreismusik im Hintergrund laufen. Sie ist das Medikament, das ich schlucke, wenn alles zu viel ist. Anbetung ist meine Erfrischung, die ich trinke, wenn ich innere Ruhe brauche. Die Lyrics sind meine Brille, die ich anziehe, wenn ich meinen Blick auf Gott wieder scharf stellen muss:

„*I will trust my saviour Jesus when my darkest doubts befall*“[15], tönt es aus dem Lautsprecher. Ich realisiere, dass ich nicht jetzt schon die Lösung für mein Problem kennen muss, sondern mich erneut entscheiden kann, Gott zu vertrauen. Diese Entscheidung ist der Muskel, der wächst, die Gewohnheit, die sich festigt. Das nächste Lied wird gespielt und ich höre zu: „*The atmosphere is changing now for the Spirit of the Lord is here.*“[16] Gottes Geist ist jetzt hier. Ich schaue mich um und Dankbarkeit kommt auf für das, was er schon in meinem Leben getan hat. Gottes Gnade reicht aus: „*Take of the bread, receive the cup for His mercy is enough.*“[17]

Die Playlist folgt ihrem Rhythmus und stimmt ein neues Lied von Gottes Güte an: „*In the darkness we were waiting without hope, without light 'til from Heaven You came running there was mercy in Your eyes*“[18]. Er hat mich aus der Dunkelheit befreit. Der Gott, der für mich starb, ist vertrauenswürdig. Ich lobe und preise ihn mit der folgenden Liedzeile: „*Praise the Father, praise the Son. Praise the Spirit, three in one!*“[19]

Die Worte, die durch das Wohnzimmer klingen, dringen zu meinem Herzen vor und mein innerer Blick verlagert sich weg von meinen Problemen und meinem chaotischen Alltag hin nach oben. Die Songs berichten von Gottes Größe, seiner Herrlichkeit, seinen Möglichkeiten und von dem, was er schon getan hat. Meinem Herzen wird es von neuem möglich, ruhig zu werden. Und auch wenn es so aussieht, als wäre ich von Problemen umgeben, lösen sich diese beim Hören der Lobpreislieder in Luft auf: *„It may look like I'm surrounded, but I'm surrounded by You“*[20]

Nein, eigentlich hatte ich an diesem Morgen keine Lust darauf gehabt, Lobpreis-Musik zu hören. Aber ich wusste, dass, wenn ich mich nicht danach fühlte, ich es am meisten brauchen würde.

Wie oft fühlt sich etwas nicht gut an, ist aber dennoch gut für uns? Ein Besuch beim Zahnarzt, gesundes Essen, früher ins Bett gehen etc. Wenn man sich überwindet, fühlt es sich im Nachhinein oftmals gut an (ein Zahnarztbesuch vielleicht erst ein paar Tage später). Und man weiß: Es ist richtig. Es ist gut. Gott, ich vertraue dir. Ich vertraue dir. Ich vertraue dir.

Ich wiederhole diese Worte, denke über Gottes Güte und Liebe nach. Mit der Entscheidung, diesem großen Gott, von dem die Songs, basierend auf dem größten Liederbuch überhaupt, berichten, zu vertrauen, beruhigt sich mein Herz.

Lobpreis bewegt unser Herz wie nichts anderes. Es bringt uns in die Gegenwart Gottes und lässt uns seinen Frieden erfahren.

Gott anzubeten kann uns regelrecht befreien:

*Gegen Mitternacht beteten Paulus und Silas und lobten Gott mit Liedern. Die übrigen Gefangenen hörten ihnen zu. Plötzlich gab es ein heftiges Erdbeben, und das Gefängnis wurde bis in die Grundmauern erschüttert. Alle Tore sprangen auf und die Ketten sämtlicher Häftlinge fielen ab*!
Apostelgeschichte 16,25

Paulus und Silas saßen im Gefängnis, und zwar in der am besten gesicherten Zelle überhaupt. Der Grund für ihren Gefängnisaufenthalt war, dass sie das Evangelium verkündet hatten. Dieses widersetzte sich der Weltsicht des römischen Reichs und aus diesem Grund wurde die ganze Stadt Philippi in Aufruhr versetzt.

Doch niemand kann die Verkündigung des Evangeliums aufhalten, weil es Gottes Botschaft ist. Nichts kann sich der Macht und Herrlichkeit Gottes widersetzen, die wir in der Anbetung verkünden.

Unseren Gefängnissen wie Angst, Sorgen, depressiven Verstimmungen, hoffnungslosen Situationen und erdrückenden Lasten halten wir die Größe Gottes entgegen.

Außerhalb von uns selbst, in der Beziehung zu Gott, finden wir Heilung und Ruhe für unsere Seelen. Im Blick weg von uns und hin zu ihm, finden wir Geborgenheit. In der Anbetung finden wir Gott und Vertrauen in ihn.

*Deine Gnade bedeutet mir mehr als das Leben; dich preise ich von ganzem Herzen! Ich will dich ehren, solange ich lebe, und meine Hände im Gebet zu dir erheben.*
Psalm 63,4-5

## Gebet:

*Vater, du bist groß und mächtig. Ich lobe dich für das, was du schon für mich getan hast. Ich danke dir für das Kreuz, die Auferstehung und all die wunderbaren Verheißungen, die du versprochen hast. Dir vertraue ich, denn ich weiß, dass deine Möglichkeiten und dein Wirken mein Denken weit übersteigen. Du seist gepriesen, Herr.*
*In Jesu Namen, Amen.*

## Frage zum Nachdenken:

Wie kannst du Zeiten der Anbetung in deinen Alltag einbauen?

# Beständige Kraftquelle

Nach meiner ersten Begegnung mit Gott vor über 10 Jahren war es die Hoffnung, die mich dazu antrieb, weiterzumachen. Da ich erfahren hatte, dass Gott existiert, hoffte ich auf eine bessere Zukunft. Und dabei meine ich nicht den Erwerb von mehr Besitztümern, Status oder ähnlichem.

Schon viel zu lange sehnte sich mein Herz nach tiefer Freude, innerer Erfüllung, echten Freundschaften, einer Liebesbeziehung und innerem Frieden, der jedes Verständnis übersteigt. Ich war entschlossen, mein dunkles Loch zu verlassen, in dem ich schon viel zu lange gefangen war. Die Hoffnung trieb mich dazu an, wahre Liebe in Gott zu suchen.

Hoffnung ist kraftvoll. Sie hilft uns, am Morgen aus dem Bett zu kommen, obwohl wir uns den Herausforderungen des Tages vielleicht nicht stellen mögen. Sie gibt uns den Mut, Dinge in Angriff zu nehmen, vor denen wir sonst zurückschrecken würden. Hoffnung kann der Anlass zu bleibender Veränderung in unserem Leben sein.

*Wenn Leute normalerweise über Hoffnung reden, beziehen sie sich auf etwas Ungewisses. Wenn wir aber das Wort Gottes lesen, erfahren wir, dass sich die biblische Hoffnung auf Dinge bezieht, die mit Sicherheit geschehen werden.* Hebräer 6,9-12

Gott wird sogar als „Gott der Hoffnung“ bezeichnet:

*Der Gott der Hoffnung aber erfülle euch mit aller Freude und allem Frieden im Glauben, den er euch schenkt, und ihr werdet im Überfluss teilhaben an der Hoffnung durch die Kraft des heiligen Geistes.* Römer 15,13 (ZB)

Unsere Hoffnung bezieht sich auf eine Person, auf Gottes kommendes Reich im Jetzt sowie auf unsere ewige Hoffnung.

*Wir wissen aber, dass denen, die Gott lieben, alles zum Guten dient, ihnen, die nach seiner freien Entscheidung berufen sind.* Römer 8,28 (ZB)

Das ist einer der meistzitierten Bibelverse unter Christen. Jedoch sollten wir ihn nicht leichtfertig verwenden, besonders nicht in Momenten des Verlusts oder wenn Träume zerplatzen. Es hat mit Weisheit zu tun, zur rechten Zeit die rechten Worte zu finden (Sprüche 15,23).

Dieser Vers sagt in erster Linie mehr über Gott aus, als über uns. Wir erfahren, dass Gott sich hinter die Menschen stellt, die ihn lieben. Er ist gut und bewirkt das Gute im Leben von uns Gläubigen. Sogar unsere Sünden und Fehler sind nicht zu groß. Auch dort kann Gott mit uns zusammen Dinge zum Guten verändern. Gott ist nicht der Urheber des Bösen, sondern er bewirkt das Gute. Das bedeutet aber nicht, dass Gott uns alles gibt, was wir möchten, sondern dass er für das Gute im Leben von Christen jetzt und in Ewigkeit einsteht und darauf hinwirkt.

Wenn jemand zum Glauben an Jesus Christus findet, beginnt Gott zusammen mit dieser Person in ihrem Leben aufzuräumen. Der Heilige Geist wirkt in unserem Inneren und erneuert uns, sodass wir zusammen mit Gott Gutes in der Welt, im eigenen Leben sowie in unserem Umfeld bewirken können.

Gott sieht uns als seine Partner, mit denen er sein Reich baut. Er ist ständig an der Arbeit in dieser gefallenen Welt. Gottes schöpferische und kreative Kraft ist mit uns und arbeitet zusammen mit uns darauf hin, dass sich in unserem Leben und unserem Umfeld das Gute durchsetzt.

Es ist besser, wenn wir hoffnungsvoll durch das Leben gehen und erwarten, dass Gott Gutes tut, als wenn wir uns mit einer pessimistischen Einstellung durch die Tage schleppen. Hoffnung setzt eine große Energie frei. Wenn wir auf etwas hoffen, werden wir mit Zuversicht und Kraft erfüllt.

Unsere Hoffnung beruht nicht auf Umständen, Menschen, Finanzen oder sogar uns selbst, sondern auf Gott.

Gott kann dafür sorgen, dass wir auf wundersame Weise zur rechten Zeit am rechten Ort sind.

Gott kann uns zur rechten Zeit die rechten Beziehungen schenken. Gott ist immer an unserer Seite, egal, mit was wir konfrontiert werden.

Wenn wir nicht aufpassen, schleichen sich Hoffnungslosigkeit, Unglaube und eine geistliche Müdigkeit ein. Weshalb sollte Gott noch eingreifen?

Wenn wir unsere Hoffnung verlieren, wird alles mühsam und schwer. Der Feind möchte nicht, dass wir uns voller Kraft und Freude in Gottes Reich investieren und hoffen, dass wir noch viel von Gottes Wirken sehen werden. Deshalb ist es wichtig, dass wir die Hoffnung bewahren und für eine gute Einstellung kämpfen.

Vielleicht ist es an der Zeit, frühere Träume wieder aufzunehmen. Vielleicht ist es an der Zeit, wieder neu zu hoffen und zu bitten.

Hoffnung lässt uns vorfreudig darauf warten, dass das Beste noch kommen wird, und erfüllt uns mit Freude in dem Wissen, dass Gott weiterhin Gutes in unserem Leben bewirken wird.

*Gelobt sei der Gott und Vater unseres Herrn Jesus Christus, denn er hat uns in seiner großen Barmherzigkeit wiedergeboren. Jetzt haben wir eine lebendige Hoffnung, weil Jesus Christus von den Toten auferstanden ist.* 1. Petrus 1,3

Mit Gott kann man nur gewinnen.

## Gebet:

*Vater, du bist der Gott der Hoffnung. Hilf mir, mehr zu hoffen und daran festzuhalten, dass du mit mir zusammen auf das Gute hinwirkst. Zeig mir, in welchen Lebensbereichen ich mehr hoffen darf. Fülle mich mit deiner Hoffnung. In Jesu Namen, Amen.*

## Frage zum Nachdenken:

In welchen Situationen fällt es dir schwer, die Hoffnung zu behalten? Wie kannst du heute für mehr Hoffnung in deinen Gedanken kämpfen?

# Gott kann dein Leben in einem Augenblick verändern

Hoffnungslosigkeit breitete sich mehr und mehr in meinem Herzen aus und mündete in tiefer Traurigkeit. Der innere Schmerz äußerte sich unter anderem in täglichen Tränenausbrüchen und einem Gefühl großer innerer Leere. Ich erinnere mich an den hilflosen Blick in den Augen meiner Eltern und die eigene Verzweiflung und Ohnmacht, die Tag und Nacht auf das tiefe Loch in meinem Herzen hindeuteten. Aus heutiger Sicht erkenne ich, dass ich in meinen Teenagerjahren an einer Depression litt.

Es war ein Tag wie jeder andere. An diesem Morgen hatte ich keine Ahnung, dass sich mein Leben innerhalb weniger Stunden radikal verändern würde. Damals war ich noch völlig blind für das Wirken Gottes. Was an diesem Tag geschah, überstieg meine Vorstellungskraft.

Meine stillen Hilferufe führten mich zu einer Nachbarin, die christliche Seelsorge anbot. Ich saß da, zusammen mit meiner Mutter in ihrem Wohnzimmer, und hörte dem Gespräch der Frauen höflich zu, bis meine Nachbarin fragte, ob sie für mich beten könnte. Wie ich es in den wenigen Gottesdiensten, die ich besucht hatte, beobachtet hatte, faltete ich meine Hände zum Gebet. Ich erinnere mich nur noch daran, dass sie die Person Jesus, von der ich auch schon gehört hatte, im Gebet erwähnte.

Ihre Worte verschwammen in meinen Ohren und ihr Wohnzimmer verblasste vor meinen Augen, während ich etwas fühlte, was ich noch nie zuvor empfunden hatte. Wie kann man etwas erklären, das man nicht erklären kann? Wie kann man eine Erfahrung in Worte fassen, die man mit unserer Sprache nicht beschreiben kann?

Während sie betete, spürte ich plötzlich, wie etwas durch meine Arme floss. Es war, als könnte ich spüren, wie sich das Blut in meinen Adern bewegte. Dieses sanfte Kribbeln hatte ein klares Ziel: Es strömte von meinen gefalteten Händen durch meine Arme direkt in mein Herz hinein. Alles um mich herum verschwand im Angesicht dieser Empfindung. Überwältigt von einer tiefen Ruhe und Stille brach ich in Tränen aus.

Es war anders als alles, was ich je zuvor empfunden hatte, und in jeder Hinsicht unerwartet.

Mein Inneres wurde komplett auf den Kopf gestellt, aber äußerlich zeichnete sich dieser lebensverändernde Moment nicht sofort ab. Wenn ich meine Begegnung mit Gott mit einem Wort beschreiben müsste, würde ich sagen, dass sie in jeder Hinsicht intensiv war: emotional, geistlich und körperlich. Ich entschuldigte mich auf die Toilette, in der Hoffnung, mein Erleben gedanklich irgendwie einordnen zu können. Ich klammerte mich mit den Händen an das Waschbecken und versuchte, Klarheit zu bekommen. Was um alles in der Welt war das?

In diesem Moment wurde mir klar, dass Gott real ist. Ich war überwältigt von seiner Gegenwart. Er war die lebendigste, mächtigste und liebevollste Kraft, der ich je begegnet bin. Von diesem Moment an wusste ich, dass etwas Neues in mein Leben eingebrochen war und mein Herz wie ein Wirbelwind aufgerührt hatte – der lebendige Gott war in meinem Leben am Werk. Ich würde nie wieder dieselbe sein.

Mein Verstand war immer noch von Ehrfurcht erfasst und meine Gedanken hörten nicht auf zu rasen: Fragezeichen bahnten sich ihren Weg in mein Innerstes und hinterließen ein Ausrufezeichen in meinem Herzen: Ja, es gibt einen Gott, und er ist lebendig und gegenwärtig und wirkt auf eine Weise, die ich nie erwartet hätte.

Der Tag, an dem die Liebe Gottes durch meine Adern floss, hat mein Herz und meinen Geist geprägt. Ich konnte nicht aufhören, darüber nachzudenken, was geschehen war. Es war atemberaubend und zugleich spürte ich festen Boden unter meinen Füßen. Es war das Surrealste und gleichzeitig das Realste, was ich je erlebt hatte. Alles deutete auf den einen Gott hin, der genau hier und jetzt da ist und mir nahe sein will, näher an meinem Herzen, als es ein Mensch je sein könnte.

Ohne zu wissen, was ich wollte, geschweige denn, was ich brauchte, fand ich das, wonach sich mein Herz zutiefst sehnte: Jesus Christus. In all den hoffnungslosen Momenten, die ich durchlitt, schrie meine Seele nach dem einen und einzig wahren Gott. Eine kurze Berührung mit seiner Gnade und Liebe veränderte alles in mir und für mich.

Hoffnung, die ich vorher nicht in mir hatte, berührte meinen Geist und versprach mir eine bessere Zukunft. Erfüllung und Sinn lagen vor mir und winkten mir aus der Ferne zu. Ich wusste, wohin ich gehen würde: an den Ort, an dem diese mächtige Kraft wohnte. Und das ohne genau zu wissen, wie mein Weg konkret aussehen würde.

### Gebet:

*Vater, du bist nicht fern, sondern nahe bei mir. Begegne mir neu und schenke mir eine Offenbarung deiner Gegenwart. Fülle mich mit neuer Hoffnung. In Jesu Namen, Amen.*

### Frage zum Nachdenken:

Gab es Momente in deinem Leben, in denen du Gottes Gegenwart wahrgenommen hast?

# Ein Zeugnis von Gottes Liebe

Nach meiner ersten Begegnung mit Gott im Haus meiner früheren Nachbarin ist viel geschehen. Ich begann regelmäßig eine Kirche zu besuchen, hörte viele Predigten und las christliche Bücher, um Gott besser kennenzulernen.

Jahre später fragte mich eine Seelsorgerin: „Wenn du in deine Vergangenheit zurückgehen könntest, würdest du etwas tun, um diese dunkle Zeit zu verhindern?" Ohne zu zögern und mit großer Überraschung schoss ein eindeutiges „Nein" aus meinem Mund. Hätte ich diese Verzweiflung nicht ausgestanden und wäre die Leere nicht so tief gewesen, wäre ich Gott nie begegnet. Ich würde freiwillig wieder in dieses unendlich tiefe Loch und die einsame Dunkelheit hinabsteigen, um Gott zu finden. Ich würde freiwillig diese innere Leere und Traurigkeit nochmals durchleben, weil ich erlebt habe, wie Gott mich an den Armen gepackt und herausgezogen hat. Hätte ich sonst zu ihm gefunden, wenn diese dunkle Zeit nicht gewesen wäre?

Manchmal müssen wir an den tiefsten Punkt unseres Lebens kommen, damit wir anerkennen, dass wir Hilfe brauchen und uns dann von Gott in die Höhen tragen lassen.

Ich habe mein Herz der festen Hoffnung verschrieben, dass Gott aus jeder noch so hoffnungslosen Situation etwas Gutes entstehen lassen kann. Ich sage das auf die Gefahr hin, dass ich zu vereinfacht denke oder die schlimmen Geschehnisse in der Welt nicht in Betracht ziehe. Doch ich glaube fest daran, dass Gott mächtig und gut ist und dass für ihn kein Loch zu tief, keine Sünde zu groß und kein Herz zu verzweifelt ist, als dass er Gutes bewirken könnte. Von Leid geprägte Situationen, die das Resultat einer gefallenen Schöpfung sind, können Menschen dazu führen, in eine tiefere Gottesbeziehung zu gelangen und Erfahrungen mit Gott zu machen, die nur im Leid entstehen können. In jeder Schwierigkeit besteht das Potenzial, als Mensch charakterlich zu reifen und ein tieferes Verständnis von Gottes Liebe zu erlangen.

Ich erinnere mich an zerbrochene Beziehungen und Freundschaften und bin dankbar, im Rückblick Gottes liebende Handschrift zu erkennen, die schon immer die Geschichte meines Lebens geschrieben hat. Ich denke an geschlossene Türen zurück und bin dankbar, dass Gott die rechten Schlösser zur rechten Zeit aufschloss, nachdem er mich im Stillen darauf vorbereitet hatte. Im Nachhinein erscheint das Bild unseres Lebens meistens klarer, als wenn wir uns mitten im Sturm befinden. Es gibt aber auch Situationen, die wir erst im Abstand von Jahrzehnten, einem ganzen Leben oder erst in der Ewigkeit einordnen und Gottes liebevolles Wirken darin erkennen können.

*Er rettete mich aus dem Sumpf der Verzweiflung, aus Matsch und Schlamm. Er stellte mich auf festen Boden und gab meinen Füßen festen Halt. Er legte mir ein neues Lied in meinen Mund, mit dem ich unseren Gott loben kann. Viele werden sehen, was er getan hat, und darüber staunen. Sie werden dem Herrn vertrauen.* Psalm 40,3-4

Ich bete, dass auch du ein Zeugnis von Gottes Liebe und Güte erzählen darfst. Ich bete, dass er in deine Situation eingreift und mit dir zusammen zum Guten hinarbeitet. Ich bete, dass du die Hoffnung bewahrst und sich dein Herz in allem an Gott klammert. Denn ich glaube fest, dass er noch viel in deinem Leben bewirken wird und du seine Liebe und Gnade bezeugen darfst. In Jesu Namen, Amen.

# Schlusswort

Gott zu vertrauen ist etwas, das sich in jeder Lebensphase wieder neu aufdrängt. Sei es während schwieriger Zeiten bei der Arbeit, finanzieller Nöte, Eheproblemen, Sorgen um die Kinder, gesundheitlicher Schwierigkeiten, unerfüllten Wünschen, Verlusten, Wartezeiten oder in vielen weiteren Situationen. Von Neuem müssen wir unseren Blick auf Gott richten und uns entscheiden, ihm zu vertrauen. Ich hoffe und bete, dass dieses Andachtsbuch dich erneut ermutigt hat, dein Vertrauen auf Gott zu setzen und an ihm festzuhalten. Denn er ist es, der sich über die Jahrtausende als gut und treu erwiesen hat. Er möchte uns helfen, leiten und hat versprochen, immer bei uns zu sein.

Gott ist ein guter Vater und er sehnt sich danach, mit uns zusammen in einer engen Beziehung zu leben. Falls du Jesus nur vom Hörensagen kennst, aber dich noch nie konkret auf ihn eingelassen hast, hast du jetzt die Möglichkeit dazu. Wenn du Gott kennenlernen und mit ihm zusammen unterwegs ein möchtest, kannst du dieses einfache Gebet beten:

*Vater, ich möchte zu dir gehören. Bitte vergib mir meine Sünden. Hiermit lege ich sie in deine Hände und weiß, dass du mich neu machst. Ich übergebe dir mein gesamtes Leben und bitte dich, dass du mir deinen Heiligen Geist schenkst. Ich nehme Jesus Christus als meinen Herrn und Retter an und glaube, dass er am Kreuz gestorben und wieder auferstanden ist. Mit deiner Hilfe möchte ich dir nachfolgen, möchte dein Kind sein, jetzt und bis in alle Ewigkeit. In Jesu Namen, Amen.*

## Bleib in Kontakt

Auf meiner Webseite veröffentliche ich mutmachende Blogposts:
**www.mylampblog.com/de**

Auf Instagram kannst du unter **@seinwortmeinlicht** ermutigende Beiträge von mir lesen.

# Quellen und Verweise

2 Vgl. McWhirter, Jocelyn: „Marriage“, ed. John D. Barry u. a., The Lexham Bible Dictionary (Bellingham, WA: Lexham Press, 2016).

3 Ruthe, Reinhold, Was meine Seele stark macht. Mit Resilienz das Leben meistern. Wesel: Kawohl Verlag 2021, S. 46.

4 Der Predigttext zu „Christian Happiness“ von Jonathan Edwards ist auf folgender Webseite zu finden: https://edwardseducationblog.files.wordpress.com/2013/07/christian-happiness.pdf.

5-6 zitiert nach Feldmann, Christian: Die Liebe bleibt. Das Leben der Mutter Teresa, Freiburg im Breisgau: Herder Verlag 2016, S. 107.

7-8 Boros, Ladislau. Aus der Hoffnung Leben. Zukunftserwartungen in christlichem Dasein, theologia publica, Band 10, 1968, S. 43-44.

9 Hattaway, Paul: Heavenly Man. Die atemberaubende Geschichte von Bruder Yun. Aufgeschrieben von Paul Hattaway, Gießen: Brunnen, 2004, 203-204.

10 Darüber spricht der bekannte Theologe für Neues Testament NT Wright hier: https:// www.youtube.com/watch?v=WLxDOpP7Ghg.

11 Mehr dazu in: Wright, Tom: Von Hoffnung überrascht. Was die Bibel zu Auferstehung und ewigem Leben sagt, Neukirchen-Vluyn: Neukirchener Verlag 2011.

12 Wright, Tom: Von Hoffnung überrascht. Was die Bibel zu Auferstehung und ewigem Leben sagt, Neukirchen-Vluyn, 2011, S. 152.

13 Philippe, Jacques, Die innere Freiheit. Die Kraft des Glaubens, der Hoffnung und der Liebe, Hauteville: Parvis Verlag 2019, S. 105.

14 Vgl. Kumar, A., & Epley, N. (2018). Undervaluing gratitude: Expressers misunderstand the consequences of showing appreciation. Psychological Science, https://doi.org/10.1177/0956797618772506.

15 Liedtext aus: I will trust my Saviour Jesus, City Alight © 2018 City Alight Music / City Alight Publishing / cityalight.com.

16 Liedtext aus: Here as it is in heaven, Elevation Worship © Elevation Worship. www.elevationworship.com.

17 Liedtext aus: Communion, Brooke Ligertwood, © City And Vine Production Music, City And Vine Music Publishing International.

18-19 Liedtext aus: King of Kings, Brooke Ligertwood and Hillsong Worship © So Essential Tunes, Shout! Music Publishing, Hillsong Music Publishing Australia.

20 Liedtext aus: „This is how I fight my battles" – Surrounded (Fight my Battles), Upperroom © U/a Music Inc.

Wir danken allen Autoren und Verlagen für die freundliche Abdruckerlaubnis. Trotz sorgfältiger Recherchen konnten in einigen Fällen die Urheber oder Rechteinhaber leider nicht ermittelt werden.

## Über die Autorin

Madeleine Ramstein, Jahrgang 1992, ist studierte Theologin und begleitende Seelsorgerin. Auf ihrem Instagramaccount @seinwortmeinlicht veröffentlicht sie ermutigende Glaubensimpulse. Mit inspirierenden Artikeln auf ihrem mehrsprachigen Blog www.mylampblog.com/de berührt sie Menschen weltweit. Ihre Erkenntnisse entspringen dem eigenen Forschen in der Bibel, verschmelzen mit ihrer theologischen Expertise und gehen direkt ins Herz.

# Mein Gute-Nacht-Tagebuch

*Thekla Schlicht*
**Mein Gute-Nacht-Tagebuch**
*77 x zur Ruhe kommen*

Fällt es Ihnen abends schwer zur Ruhe zu kommen? Machen Sie es sich mit diesem ganz besonderen Tagebuch gemütlich, und genießen Sie eine wertvolle Auszeit vor dem Schlafen. Freuen Sie sich noch einmal über die Erfolge des Tages, schauen Sie dankbar auf die schönen Momente zurück und legen Sie Ihre Sorgen in Gottes Hand.

11 Wochen lang lädt Sie der liebevoll gestaltete Begleiter Abend für Abend ein, ihm alles anzuvertrauen, was Sie den Tag über beschäftigt hat. Wöchentliche Impulse geben Ihnen wertvolle Tipps, wie Sie besser schlafen können und stärken Ihr Gottvertrauen. 7 Tage lang helfen Ihnen Stichworte, Gedanken zu ordnen und mit wenig Aufwand zu notieren.
Gönnen Sie sich mit dem Gute-Nacht-Tagebuch eine Zeit der Ruhe und Entspannung bevor Sie ins Bett gehen.

*224 Seiten, gebunden, 14,5 x 21 cm.*
*ISBN 978-3-86338-034-2*

Erhältlich unter www.kawohl.de